大
方
sight

鲁斯·巴德
金斯伯格

Last Interview
最后的访谈

［美］鲁斯·巴德·金斯伯格 著
胡洁人 译

中信出版集团 | 北京

图书在版编目（CIP）数据

鲁斯·巴德·金斯伯格：最后的访谈 /（美）鲁斯·巴德·金斯伯格著；胡洁人译 . -- 北京：中信出版社，2024.10
书名原文：Ruth Bader Ginsburg: The Last Interview and Other Conversations
ISBN 978-7-5217-6561-8

Ⅰ. ①鲁⋯　Ⅱ. ①鲁⋯ ②胡⋯　Ⅲ. ①鲁斯·巴德·金斯伯格－访问记　Ⅳ. ① K837.125.19

中国国家版本馆 CIP 数据核字 (2024) 第 112223 号

RUTH BADER GINSBURG: THE LAST INTERVIEW
AND OTHER CONVERSATIONS by MELVILLE HOUSE
Copyright © 2020 BY MELVILLE HOUSE PUBLISHING
This edition arranged with MELVILLE HOUSE PUBLISHING
Through BIG APPLE AGENCY, INC., LABUAN, MALAYSIA
Simplified Chinese translation copyright © 2024 by CITIC Press Corporation
ALL RIGHTS RESERVED
本书仅限于中国大陆地区发行销售

鲁斯·巴德·金斯伯格：最后的访谈
著者：　　［美］鲁斯·巴德·金斯伯格
译者：　　胡洁人
出版发行：中信出版集团股份有限公司
　　　　（北京市朝阳区东三环北路 27 号嘉铭中心　邮编　100020）
承印者：　　河北鹏润印刷有限公司

开本：880mm×1230mm 1/32　　印张：6　　字数：129 千字
版次：2024 年 10 月第 1 版　　　印次：2024 年 10 月第 1 次印刷
京权图字：01-2024-2657　　　　书号：ISBN 978-7-5217-6561-8
定价：45.00 元

版权所有·侵权必究
如有印刷、装订问题，本公司负责调换。
服务热线：400-600-8099
投稿邮箱：author@citicpub.com

目录

1 **引言**

7 **哥伦比亚大学法学院在寻求女教授的路上获奖**
采访者 莱斯利·奥尔斯纳
《纽约时报》，1972 年 1 月 26 日

13 **美国哥伦比亚特区联邦巡回上诉法院法官鲁斯·巴德·金斯伯格访谈录**
采访者 康妮·多贝莱
公共事务卫星有线电视网《司法事务》栏目，1986 年 3 月 28 日

29 **最高法院的司法视角**
与来自纽约布鲁克林的米德伍德高中和弗吉尼亚州米德洛西安的曼彻斯特高中的学生进行问答
美国最高法院东会议室，华盛顿哥伦比亚特区，2002 年 1 月 30 日

55 **45 个词：与最高法院大法官安东宁·斯卡利亚和鲁斯·巴德·金斯伯格关于第一修正案的谈话**
采访者 马文·卡尔布
《卡尔布报道》，华盛顿特区国家新闻俱乐部，2014 年 4 月 17 日

87 **鲁斯·巴德·金斯伯格和妮娜·托滕贝格
于电影院咖啡馆**
采访者　妮娜·托滕贝格
圣丹斯电影节，犹他州帕克城，2018 年 1 月 21 日

109 **鲁斯·巴德·金斯伯格用她自己的话来说**
采访者　简·艾斯纳
《前进报》，华盛顿特区阿达斯以色列犹太教堂，2018 年 2 月 1 日

141 **最后的访谈：比尔·莫耶斯与鲁斯·巴德·
金斯伯格的对话**
采访者　比尔·莫耶斯
《莫耶斯论民主》，纽约协和神学院，2020 年 2 月 12 日

即使在她去世的时候,她也打破了最后一道玻璃天花板:
鲁斯·巴德·金斯伯格是第一位在美国国会大厦接受吊唁的女性。

INTRODUCTION
引言

鲁斯·巴德·金斯伯格出生于1933年的3月15日[1]，是大萧条时期移民的孩子，也许正是因为出生于这样的逆境中，促使了她之后的蓬勃发展。她在布鲁克林的夫拉特布什区长大，她那俄罗斯出生的父亲是个皮草商，可那时几乎没人购买皮草了。她的母亲是波兰移民的孩子，在一家服装厂工作。在琼·鲁斯·巴德——由于她小学班上叫"琼"的同学太多了，她就改名为"鲁斯"——只有14个月大时，她6岁的姐姐玛丽莲死于脑膜炎，而她的母亲在鲁斯高中毕业的前一天去世了。

金斯伯格的母亲希望她成为一名教师。为了实现母亲的这个愿望，她入读了康奈尔大学。"从来没有人想到我能上法学院，"她后来在本书所载的其中一次公开采访中向《纽约时报》解释道，"我本应该是一名高中教师，否则何以谋生呢？"在康奈尔大学期间，她会在弗拉基米尔·纳博科夫的课上学习。她也在本书提到的另一次采访中告诉比尔·莫耶斯——事实上，那是她一生中的最后一次采访——纳博科夫对她的写作风格产生深远的影响，而这一写作风格后来为她的法庭判决赢得了赞誉。

金斯伯格大学毕业时是班上排名最前的女生，不久后嫁给了她的同学马丁·金斯伯格。她丈夫比她早一年毕业并进入了法学

---

[1] Ides of March，指3月15日，是恺撒大帝遇刺之日。——如无说明，本书脚注均为译注

院。金斯伯格的怀孕导致她在社会保障管理局的工作遭到降级。但在她生下了女儿简之后，她进入了哈佛大学法学院，成为有五百多名男生的班级中仅有的九名女生之一。马丁毕业后在纽约一家律师事务所找到了一份工作，金斯伯格随他来纽约并转学到哥伦比亚大学法学院，在那里她以全班第一的成绩毕业。

然而，她在学校的出色表现并无助于她迅速找到工作。没有一家律师事务所聘用她。当她向最高法院大法官费利克斯·弗兰克福特寻求书记员职位时，他拒绝了她，原因是她是一名女性。虽然最终她获得了罗格斯大学法学院的教学职位，但她不得不接受低于男性教师的薪水。

1972年，金斯伯格转而在哥伦比亚大学法学院任教。她是那里第一位获得终身教职的女性，她还在美国公民自由联盟创立了"女权计划"。作为理事长，她在最高法庭为六起（赢得了其中五起）具有里程碑意义的性别歧视案件辩护过，有效消除了美国法律中大多数领域的性别歧视。她名气大大提升。1980年，吉米·卡特总统任命她为美国哥伦比亚特区联邦巡回上诉法院法官，这是一个"开创先例的举动"，正如本书所录的她与高中生的谈话中所说，"随后成为一种模式"。由此令美国后来的总统更经常性地任命女性担任法官。

1993年，金斯伯格升任最高法院法官时，她不仅以其法律智慧和才华著称，还因其有与相当保守的法官建立共识的能力而闻名，例如与她在上诉法院的同事安东宁·斯卡利亚（当时他也被任命为最高法院的法官）。金斯伯格由比尔·克林顿总统任命，她是美国有史以来担任大法官的第二位女性和第一位犹太女性。

金斯伯格还撰写了许多具有历史意义的法院判决，例如合众国诉弗吉尼亚州案，该裁决推翻了弗吉尼亚州军事学院仅限男性入学的政策。她还因一些尖锐的异议而闻名，比如谢尔比县诉霍尔德案，正如她在接受记者简·艾斯纳采访时详述的，该案"让1965年《选举法案》黯然失色"。

在金斯伯格的晚年，尤其是随着最高法院变得更加保守，几年来她一直是最高法院内唯一的女性，金斯伯格的知名度在大众文化中又上了一个新台阶。在2013年，一名法律系学生在微博客上将她描述为"臭名昭著的R.B.G."，以布鲁克林说唱歌手"臭名昭著的B.I.G."的名字命名。关于她的书籍和介绍类纪录片越来越频繁地出现。人们津津乐道的故事是，她在司法长袍外会系哪条白色蕾丝花边头巾（这取决于她发表的是异议还是同意大多数意见）、她的健身计划、她与法庭上的对手安东宁·斯卡利亚的亲密友谊，以及她对歌剧的热爱。甚至有一部歌剧写到了她与斯卡利亚的友谊。（斯卡利亚本人在评论他们的友谊时谈道："不喜欢她什么？那就是她对法律的看法。"）

事实上，她告诉她在全国公共广播电台的法律记者朋友妮娜·托滕贝格，如果可以重来一次，她会选择歌剧演员这份职业。"在我的梦中曾无数次出现过一个场景，我在大都会歌剧院的舞台上，正要唱《托斯卡》，然后我突然想起自己是一个五音不全的人！"

2020年9月，金斯伯格因胰腺癌去世，人们悲痛欲绝，这表明美国人民对她充满了深深的感激之情。即使在她去世的时候，她也打破了最后一道玻璃天花板：鲁斯·巴德·金斯伯格是第一位在美国国会大厦接受吊唁的女性。

该校法学院刚刚申请并成功赢得一名女性正教授的职位，这是其114年历史上的第一次。

COLUMBIA LAW SNARES A PRIZE
IN THE QUEST FOR WOMEN PROFESSORS

哥伦比亚大学法学院在寻求女教授的路上获奖

采访者
莱斯利·奥尔斯纳

《纽约时报》(*New York Times*)
1972年1月26日

在美国法学院之间一场新的激烈竞争中，哥伦比亚大学取得了一场重大胜利：令其难以掩饰地高兴，该校法学院刚刚申请并成功赢得一名女性正教授的职位，这是其114年历史上的第一次。

这份喜悦在一定程度上是因为鲁斯·巴德·金斯伯格这位女性，是该院院长迈克尔·索文所说的"如此杰出的学者"，她的资历和荣誉在所有教授中脱颖而出。

正如密歇根大学法学院院长西奥多·圣安托万所说，这也是在国家最好的法学院都在"争夺"女性的时候，常常还是为了同一人。大多数教授职衔上没有女性，而且根据其他消息来源，哥伦比亚大学获得的这位女性教授也是被争夺的对象之一。

这种喜悦很可能远播到不止于哥伦比亚大学的许许多多法学院，那里的女生长久以来遭受着对女性的偏见。

金斯伯格女士的任命并没有增加目前担任法学院正教授的少数女性的数量，因为她自1969年以来一直是新泽西州罗格斯州立大学的正教授。然而，这的确标志着哥伦比亚大学法学院首次选择了一名女性担任高于讲师的全职职位，或高于兼职教授的兼职职位。

被选中的几位女性

除此之外,今年冬天,包括斯坦福大学、加州大学洛杉矶分校和耶鲁大学在内的几所同样知名的学校也选择了女性担任助理教授或副教授。与金斯伯格女士的情况一样,她们的聘任必须得到各自大学董事会的批准,并于明年秋季生效。

院长们表示,从哈佛大学到印第安纳大学再到斯坦福大学,大家几年前就开始试图聘请女性教员,但随后这种需求大大增加。院长们在接受采访时表示,采取这一新举措的主要原因是从法学院毕业的女性人数在不断增加,目前约占毕业生的10%,且还在增长。他们说,过去缺乏符合条件的女性是导致当下女性教师匮乏的主要原因。

但造成目前的困境也有其他原因。从越来越多的法学院对女教授的需求,到对多元化师资力量的推崇,再用圣安托万先生的话来说:"法律是一种职业,女人和男人一样能驾驭"——或者,正如加州大学洛杉矶分校的穆雷·施瓦茨所说:"男性教师反对雇用女性的任何偏见和歧视"都已经消失了。

哲学观

就金斯伯格教授而言,虽然她采取的一种哲学立场对迄今为止取得的一些进展感到满意,也对去哥伦比亚大学工作感到高兴,但对未来变革的前景却不太乐观。

在一次访谈中，她回忆说，当她从哥伦比亚大学法学院毕业时，她在班上并列第一。

但她说自己无法在律师事务所找到工作。起初，当收到拒绝通知时，她认为可能是自己的问题。但后来，她说："当被多次拒绝时，我认为这不可能是因为他们不需要我，一定有其他原因。"

因此，她在毕业后找到了一份联邦地区法官书记员的工作，正如她没有指出的，熟悉这门学科的人都知道，一个在名校取得如此优异成绩的男子，即便不能在美国最高法院，也能在联邦上诉法院得到一份书记员工作。

后来她去了罗格斯大学。在那里的最初几年，她感受到歧视的存在。但这种情况一段时间后就消失了。不过去年秋天，作为哈佛大学法学院的客座教授，在开设一项涉及女性权利的课程时，她同样发现一些男性具有的警戒心。

她感慨地说，"法学教师大多是这样的"，觉得女权运动"威胁到了他们的舒适圈"。

当她今年秋天前往哥伦比亚，讲授法律程序、冲突，并与美国公民自由联盟合作开设关于性别歧视的特别课程时，被问及她的期望是什么，并将如何行动。

金斯伯格教授，作为一位成功的税务律师的38岁妻子，也是一个16岁女儿和一个6岁儿子的母亲，她说过："对我来说，唯一的限制条件是时间。我不会以任何方式减少我的活动来取悦他们。"

"我觉得没有任何问题，"过了一会儿她补充道，"人们在表面上会很友好。但他们中的一些人可能对我正在做的事有所保留，而且他们并不会表达出来。"

无论如何，她的新角色与她少女时代的期望相去甚远。她回忆道："从来没有人指望我去上法学院，我本应是名高中教师，否则何以谋生呢？"

如果在医生、律师行业,甚至印第安酋长中包含女性,我们就能最大程度地发挥女性的才能。

INTERVIEW WITH U.S. COURT OF APPEALS
FOR THE DISTRICT OF COLUMBIA CIRCUIT
JUDGE RUTH BADER GINSBURG

美国哥伦比亚特区联邦巡回上诉法院法官鲁斯·巴德·金斯伯格访谈录

采访者
康妮·多贝莱

公共事务卫星有线电视网《司法事务》栏目(C–SPAN *Judicial Affairs*)
1986 年 3 月 28 日

多贝莱　　　金斯伯格法官，您是如何成为美国上诉法院法官的？
金斯伯格　　我是由卡特总统提名并经参议院确认的。在被任命之前的许多年里，我一直是一名法学教师。先是在新泽西州立大学的罗格斯法学院，后在 1972 年至 1980 年去了哥伦比亚法学院。同时，也是一名在男女权利平等方面活跃的诉讼律师。

多贝莱　　　为什么成为一名法官对您来说很重要？或者说您是否一直想成为一名法官呢？
金斯伯格　　我希望活跃在法律界。法律是我的挚爱，而且很享受在法律领域所做的一切——律师、教师，以及现在的法官。我没有特别想过要成为一名法官，因为坦率地说，我觉得这几乎是不可能的。

多贝莱　　　为什么呢？
金斯伯格　　当我开始任教的时候，法学院内拥有教授职称的女性人数一只手就能数过来。当时在上诉法院的那一级别中没有女性，完全没有。1960 年代雪莉·霍夫斯特德勒被任命，而直到卡特时期，她一直是唯一的一位。因此在我看来，这是一个女性尚不受欢迎的领域。

多贝莱　　您认为我们的社会或司法中发生了什么变化，使女性有可能成为美国上诉法院的法官？

金斯伯格　　这不仅仅发生在我们的社会。这是 1960 年代开始在全世界范围内发生的事情，有些地方进程更快些。那时候起开始有了一种观念，认为女性应在社会中扮演重要角色，成为一个正式的公民。与此同时，男性应更多地参与到家庭中来，如果孩子有双亲的陪伴，而不仅仅是单亲，对家庭来说会更健康，如果在医生、律师行业，甚至印第安酋长中包含女性，我们就能最大程度地发挥女性的才能。

多贝莱　　当您被任命时，感到惊讶吗？

金斯伯格　　说我感到惊讶并不确切。我很高兴卡特政府为任命女性进入司法机构做出了一致努力。他在 1979 年做了几项任命，因此那时，整个 1960 年代和 1970 年代大部分时间存在的情况已经发生了根本性的改变。法官中有了女性。卡特任命了大量的女性，在这点上，我感到非常欣慰。

多贝莱　　您谈到了一些先例，以及卡特总统对您的提名。对法官来说，由谁提名很重要吗？比如总统是民主党或是共和党，是自由派或是保守派，法官会被打上党派的烙印吗？

金斯伯格　这对法官的表现毫无影响，也许公众对此有所误解。联邦法官是终身制的，或者正如宪法所规定的"在良好的行为期间"。联邦法官有义务公正、平等地为所有出庭当事人伸张正义，而绝不允许以主观臆断和个人喜好影响法官的判决。因此，无论法官是由里根总统还是由卡特总统任命，对该法官在法庭上做出的裁决结果并无差别。

多贝莱　您说不应该掺杂个人情绪，真的是这样吗？

金斯伯格　我认为是这样，至少在联邦法院，当他们穿上法袍的那一刻，多数人都知道自己是终身任职，如果他们按照法律和正义的要求投票表决，则不会因此出局。所以，大多数法官都认识到他们所从事工作的传统和完全公正无私的重要性。

多贝莱　您谈到了对法律的热爱。您从担任法官中获得了怎样的个人满足感？

金斯伯格　法律事务方面是我比较擅长的。我没有那种可以成为伟大歌剧演员的天赋——那是与生俱来的。但在法律工作方面，我希望令社会变得更加理性，或者令人民的生活有哪怕一点点的改善。这就体现了法律是一种稳定社会的力量。它制定了游戏规则，从而引导我们的运作方式，友好而非暴力地解决争端。

多贝莱	当您接到一个案子的时候,一般会经历怎样的流程来做出判决?
金斯伯格	在开庭之前,我会非常认真地研究案件。如果案件来自法院,我会阅读初审法庭的裁决;如果案件来自机构,则会阅读机构的判决。我的助理帮助我研究与此案有关的所有判决。然后,我会就案件中不清楚的所有要点向律师提问,并当案件在法官小组辩论时予以提出。
多贝莱	律师事前准备的起诉状和答辩状等相关文案工作,与在您面前口头陈述的表现相比,哪个更为重要?
金斯伯格	文字表述是永恒的,而口头辩论稍纵即逝。我们每方有15或20分钟,最多30分钟的口头辩论时间。我认为口头辩论是一种非常重要的"坚守阵地"的行为。口头辩论对于保持胜利比获得胜利更为重要。可以这样说:我见过一些以书面文字为基础的案件开始是赢家,结果在口头辩论后变成了输家。但我也见过两个法官认为不太满意的案子,结果一个本应败诉的案件胜诉了,但五年半里这种情况只发生过两次。
多贝莱	这关乎律师的辩论能力吗?
金斯伯格	不,这与律师的情况无关。这与在回答法官问题时做出的澄清有关,解释我们对案件没有准确理

解的地方。

多贝莱　　　金斯伯格法官，当您对一个案件做出裁决时，是否很难将个人态度放在一边？

金斯伯格　　不，如果我认为我的个人态度会影响对案件的判断，那我就不会参与这个案子。

多贝莱　　　您可以选择不参与吗？

金斯伯格　　我认为我有不这么做的义务。如果你带着某种倾向性来审理一个案件，你觉得自己不能公正地对其进行判断，那就不应该接手此案。

多贝莱　　　会不会有些问题，尽管您可能对它们没有强烈的个人情感，但您会说："天呐，真希望再也不用处理这个问题，我已经厌倦了。"

金斯伯格　　我不能说我对在法院处理的所有问题都有这种感觉。想必这是一场快速发展的盛宴。我们有多种多样的问题，来自各个机构、各初审法院的案件……这些机构负责和关注的议题也不同。所以我们某一天会听到核能管理委员会的意见，第二天可能会听取全国劳资关系委员会的意见，后天又可能是环境保护局的意见，再后天是食品药品管理局的意见。尽管我们的业务种类繁多，我从不会感到厌倦，完全不会。

多贝莱	作为这样级别的法官,您会面临什么样的个人压力?
金斯伯格	这是一项需要付出极大工作量才能令人满意的工作,如此一来你就没有太多时间参加外界活动。当人们与你交谈时,他们会很敏感,因为谈话内容可能会涉及我们面前的某个案件。因此律师们都非常谨慎,在鸡尾酒会上我们也必须小心,不要说或暗示任何与法院正在审理的案件有关的话。
多贝莱	在这种情况下很难找到亲密的朋友吧?
金斯伯格	不。我可以做到公私分明,把与律师朋友的私人友谊与法律事务清楚区分开来。在美国,律师和法官是可以成为朋友的,他们相互交谈,亦是同一个律师协会的成员。这与其他国家情况大不相同,比如说,在欧洲,法官和律师之间是有界限的。当你从法学院毕业时需要选择是从事司法职业还是律师职业,是想当法官还是想当律师。又比如在法国或瑞典,法官和律师是不会同时参与律师协会的。但在美国,法官是从执业律师中挑选出来的,所以我们挑选法官的方式以及法官与律师打交道和建立关系的方式,存在着一种理解和默契。
多贝莱	您说没有太多时间做其他事情,但是您也有家庭。
金斯伯格	是的。我有丈夫和两个孩子。

多贝莱　　　会不会很难为他们抽出时间？

金斯伯格　　现在我不用抽太多时间，因为我女儿已经30岁，儿子已经20岁了。希望很快能空出时间来照顾即将出生的孙子。

多贝莱　　　那么，讨论的问题之一就是您的工作量。最高法院面临的问题也是摆在其他法院面前的问题，有无可能设立一级新的联邦法院，以减轻一些负担。您对此有何看法？

金斯伯格　　我认为我们不需要新级别的法院。我们有三级法院，这已经足够了。增加法官数量并不能解决问题，联邦法院的规模应该保持在目前的水平。超出我们现在的规模是危险的。本法院有十二名得到授权的法官，如果超出这个规模，合议关系就会减弱，我们也将成为一个不同类型的机构。有些案件不一定非要到本法院来审理——甚至不需要法官来处理。在我看来，国会应集中精力将不需要联邦处理或解决的系统外案件和纠纷排除出去。

多贝莱　　　您能举个例子说明吗？

金斯伯格　　例如我对一个特别法院予以支持，那就是审理税务上诉的特别法院。我们现在有一个巡回法院即联邦巡回法院，受理所有上诉的专利案件。专业知识在这一领域是非常重要和宝贵的。这对处理税务案件也是一样。联邦法院在所谓的异籍管辖案件中开展了大量业务。有些案件到我们这里来仅仅是因为当事人来自不同的州。如果一方当事人来自马里兰州，而另一方当事人来自哥伦比亚特区，那么一起与联邦法律无关的普通汽车交通事故也可能来到联邦法院，这种案件的另一可能是先去我们的地区法院，再通过上诉到我们这里。这才是在地方法院和联邦法院之间分配业务的合理方式。如果将联邦法院的异籍管辖权业务从联邦法院中剥离，我们的案件量将减少约15%到20%。我认为国会应该朝着这个方向发展，而不是扩大联邦司法机构。

多贝莱　　让我们具体谈谈这一级别的司法机构。为什么美国的上诉法院如此重要？

金斯伯格　　上诉法院的重要性在于，大多数上诉的案件最终的裁决也就是我们的判决。也就是说，很少案件会被最高法院重审——包括我们对机构或初审法院判决的审理。我们并不能自由裁量是否接手。在地方法院败诉的当事人有权到这里来。但你并不能理所当然地诉诸最高法院。因此，大多数当事人甚至懒得对我们的裁决提出上诉，而少数试图上诉到最高法院的也以压倒性失败告终。所以，我们裁决的案件有近99%是终审判决。

多贝莱　　那您裁决的案子有被推翻过吗？

金斯伯格　哦，那当然。

多贝莱　　是何感觉？

金斯伯格　被推翻的案件都是有争议的案件。如果最高法院以5∶4的投票结果推翻了我们的裁决，这并不会对任何人造成侮辱或尴尬。投票结果本身表明，这起案件是存在争议的。事实上，许多领域的法律规定并不明确，或者说存在模棱两可的地方。你要运用最好的判断力去理解。例如，当国会制定了一项很难理解的法规时，它想干吗？因此，司法系统中的每一位法官都应尽力做到最好。我当然希望被我们推翻的地区法官或一些机构的决策者不要将其视为一种个人行为。这些都是很难处理的问题。

多贝莱　　您会拿起电话对一个不同级别或较低级别的法官说"天哪，很抱歉我不得不推翻这一点，但我真的这么认为"吗？

金斯伯格　不，我们从不讨论这些。

多贝莱　　这是出于伦理问题还是只不过您自己不这么做？

金斯伯格　我不认为这是伦理问题，更应该是一种传统吧。因为我们已经说过了对正在审查的判决的看法。如果认为判决得非常好，我们也不会去拍拍法官的背以示鼓励。无论我们的判决是什么，都会公开在那里，谁都可以看到。

多贝莱　　有人说巡回法院是仅次于最高法院的第二重要的法院。您同意吗？

金斯伯格　　我认为我们这一级的法院——联邦上诉法院——都很重要。或许人们认为，本法院接手更多的政府事务，其他法院则接手更多的商业事务。事实上，所有的联邦上诉法院都很重要。

多贝莱　　您总是与三名法官一起审判吗？

金斯伯格　　是的。

多贝莱　　请问这比单独审理或与九名法官一起审理更容易还是更难？

金斯伯格　　三人审判更具挑战性。

多贝莱　　怎么说？

金斯伯格　　首先，因为你永远不能单独做任何事情，必须要考虑至少来自另外一人的意见来裁定一个案件。如果你不能说服至少一个同事，那么你最终就会成为持不同意见者。因此，这项工作既有心理方面也有法律方面的考量，也就是说，你不仅必须确信自己有正确的判断，还必须能够说服你的同事你的判决是正确的。但是由一名法官组成的法庭，即地区法官的工作也是非常艰难的，因为他们必须在审判时当场做出裁决。在此之前，法官没有任何机会去图书馆查阅书籍资料。但在我们法院，我们会听取辩论而不用立即做出裁决——如此就有时间去思考和研究这些问题。所以在某种程度上，上诉法院的工作更轻松。另一方面，你必须以书面形式来证明和说服同事。三个人可以充分讨论。当只有三个人时，每个人都能充分表达自己的观点。

多贝莱　　你们会不会讨论这个问题？

金斯伯格　　哦，是的。我们依次讨论每个问题，直到确信三个人都已掌握案件的所有细节。但是人数越多越困难。我们周一将与十一名法官一起开会。如果每个人都表述一遍对案件的想法和观点，那可能要在会议室里待上几个小时。所以三个人就很适合讨论。

多贝莱　　我想谈谈法学院和法律职业教育的问题。您在罗格斯大学，还有您说的哥伦比亚大学教法律。那是在六七十年代，对吧？

金斯伯格　　没错。

多贝莱	您对目前从全国各地法学院毕业的学生有什么看法?
金斯伯格	他们非常聪明,似乎是越来越聪明。我丈夫在乔治敦大学教书,我每年至少要去法学院三次,担任一场模拟法庭辩论的法官。在我看来,法学院的学生是一个有能力、有热情的群体。
多贝莱	您觉得来自哈佛或类似的大学重要吗?这类大学法学院的名声仍有影响力吗?或者说如果您去了一所声誉一般的学校,仍然能迅速晋升吗?
金斯伯格	法学院的知名度将有助于自己获得第一份工作,但在那之后的发展就要靠你自己了。
多贝莱	国会目前正在讨论的问题之一是选拔法官时的问答测试,特别是参议院司法委员会正在考虑是否接受几名联邦法官的任命时。你觉得法官在被参议院接受之前应该经历些什么?
金斯伯格	我认为法官职位的候选人不应该被问及将如何裁决一个可能出现在他们面前的案件。如果他们对此问题做出回答,那么就不能审理该案件,因为他们已经对其进行了预判。我认为,国会就法院正在审理的有争议案件,去询问法官或法官候选人如何对此特定案件做出裁决,这绝对是错误的。
多贝莱	对了,您说您一直对男女权利平等问题感兴趣。去

参议院的时候,有人问过这些问题吗?

金斯伯格　曾经有一个私人团体试图向我提出这些问题,但委员会不允许他们问。梅岑鲍姆参议员主持了我的听证会,多尔参议员也出席了,他们认为这些问题不符合程序。

多贝莱　您对最高法院有什么期望吗?

金斯伯格　我对现在的工作完全满意。你所说的是非常具有挑战性的,正如我没有把哥伦比亚特区巡回上诉法院作为我的人生目标,我对其他任何工作都不设置特定目标。

多贝莱　最后一个问题:在这个系列中,我们想谈论一下法院的奥秘。法院似乎是一个笼罩着神秘光环的地方。人们不了解它们,也不懂得如何运用它们。当然也无法透过电视或其他途径了解法院。您对此怎么看?我们的司法系统是否应该处于这种神秘的光环之下?您的观点是怎样的?

金斯伯格　我认为不应该如此。美国的伟大之处之一在于我们的法院是对外开放的,包括初审和上诉两级均向公众开放。很多时候,审理完一些有趣的案件,当我凝视着空荡荡的法庭,我希望学生团体,特别是高中生,甚至是这一区域的大学生,能来法院参观。我们肯定可以让法院法官、行政长官以及学校领导一起组织一个交流活动。但对法院和社区/学校两方都要做更多工作,通过双方的沟通交流来增进人们对法院以及如何运用法院的了解。

多贝莱	金斯伯格法官,非常感谢今天您能来参与访谈。
金斯伯格	不客气,我也很荣幸。

去主修你喜欢的专业：音乐、艺术。成为一个受过良好教育，懂得欣赏优秀文学作品，对哲学略知一二的人。

SUPREME COURT JUSTICE PERSPECTIVE

最高法院的司法视角

与来自纽约布鲁克林的米德伍德高中
和弗吉尼亚州米德洛西安的曼彻斯特高中的学生进行问答

美国最高法院东会议室
华盛顿哥伦比亚特区，2002 年 1 月 30 日

金斯伯格　请就座。我衷心欢迎米德伍德高中的学生！米德伍德高中的学生在哪边？还有来自曼彻斯特高中的学生。曼彻斯特的同学，请举一下手。米德伍德在这边，曼彻斯特在那边。

首先，我将对法院的历史、我们的宪法以及法院的情况发表几点看法。然后大家有什么问题可以提问交流。

你们已经看到了法院的介绍。这座建筑非常宏伟，是不是？它于1935年成为法院的所在地。但法院的历史远不止于此，其历史大约有213年。在此期间，共有108名法官在此任职，但这些人中间只有两位是非裔美国人，且只有两位是女性。但我预计非裔法官和女性法官的数量在21世纪将会成倍增长，不仅在我们政府的司法部门，而且在行政和立法部门也一样。在所有这些部门中，我们现在开始汲取伟大国家所有人民的才能。你们知道宪法的开场白吗？有人乐意回答吗？这部宪法是如何开始的？

学生　我们合众国人民……

金斯伯格　好，说到人民，我们停一下。对，"我们合众国人民"，这是宪法的开场白。但最初，这三个词描述的是一个相当有限的阶层。谁被排除在外呢？《宪法》是1787年制定的，在1808年之前，它特别容许了奴隶交易。更重要的是，如果奴隶逃到自由州，发现奴隶的人必须把他（她）送还其主人。美国的女性一直无法成为选民，直到……谁知道女性是从哪一年开始成为选民吗？

学生　　　1920年。

金斯伯格　没错，1920年。所以一开始，只有拥有财产的白人男性才是真正的"合众国人民"。他们是唯一有投票权的人。但我认为，我们的政府之伟大和智慧体现于，在动荡不安的时局中，"我们人民"的概念已经拓展到包括曾经被排斥的人、被奴役的人、美国原住民、没有财产的男性公民，以及多亏了1920年的第十九修正案，女性也被纳入其中。

每天都有来自全国各地和其他国家的人来参观法院。你看，像我这样级别的大法官此时此刻不也正在会见前来参观的团体。我最喜欢的是像你们这样的学生群体。我们会见过四年级，甚至二年级的学生。但我认为高中生最能从中受益。

请允许我来介绍一下九位大法官之间促进彼此亲密友谊和互相尊重的一些风俗习惯。在每次开庭前和法庭会议前，大法官们先去休息室，就座前会互相握手。每天，我们在法庭上进行辩论；每天，我们就法律问题进行磋商；每天，我们在漂亮的餐厅里共进午餐。这个餐厅就位于这栋大楼的二层，就是我办公室所在的楼层。在餐桌上，我们无话不谈。可以是关于国家美术馆的新展览，也可以是刚刚在莎士比亚剧院开幕的戏剧，又或者是华盛顿歌剧院最近的精彩演出。有时，我们也会谈论各自的子孙后辈。在这里，我们会用午餐酒会来庆祝彼此的生日。有时候会分享甜点，比如我的超级大厨丈夫烤的蛋糕。我大孙女3岁的生日派对也是在这个房间欢庆度过的。这是第一次，我想也是唯一一次，花生酱和果冻三明治成为自助餐桌上的特色美食。斯卡利亚大法官的女儿和肯尼迪大法官的女儿也在此举行了美妙的婚礼仪式。

我们也会独自或结伴——有时候三到四位大法官一起——去拜访法学院，或参加法官、律师或社区团体的会议。有时候很近，就在哥伦比亚特区，有时候很远，跑去夏威夷。部分大法官也会在法院冬季或夏季的休庭期间出国，去欧洲、以色列、印度和日本等遥远的国家讲学或学习法律制度。举几个最近的例子，今年秋天，首席大法官和布雷耶大法官出席了在墨西哥举行的南美和中美洲法官会议。几周前，奥康纳大法官率领美国法官代表团赴印度访问。肯尼迪大法官作为美国律师协会委员会主席定期访问中国。

哎，法院的工作虽然非常辛苦，但也令人获得巨大的满足。我们裁决的案件极具挑战性。在下次庭审中我们将考虑两个典型的案子：对智力障碍的人判处死刑是否符合宪法的问题，以及在2月我们将听取关于是否允许一个州向学生家长提供用于支付教区学费代金券的争论。我们不断地阅读、思考和写作，以便律师和其他法官能够理解我们的裁决。有时我醒来仍在想这是否是一场美丽的梦。我相信对一名律师而言，成为一名最高法院大法官是世界上最好的工作。好了，我用完了分给我的时间。接下来是问答时间，也是你们今天来这里的原因。我们可以先回答曼彻斯特的问题，然后再回答米德伍德的。按字母顺序，曼彻斯特先来。谁先提问？来，第二排的同学。

学生 我叫杰米·贝茨，是曼彻斯特高中的学生。您觉得弗吉尼亚军事学院决定男女同校对争取女权的整体斗争有何影响？

金斯伯格 弗吉尼亚军事学院的案例，对于那些不明所以的人来说，就是关于弗吉尼亚州政府开办的一所学校，它提供了良好的教育，并一直有意培养军事领袖（虽然并不多见）及商业和社区领袖。这么好的一所学校，州政府却只允许其为单一性别的成员提供教育。几年前，弗吉尼亚军事学院向女性敞开了大门——我想他们其实已经有了第一批女性毕业生。这是一系列类似案件之一,即不久前还对女性紧闭的大门打开了。你们可能不知道,直到 1970 年代末,才在联邦的每个州,女性开始与男性一样担任陪审员。还有很多职业被认为不适合女性,弗吉尼亚军事学院案只是一系列判决之一,其中有些判决由本法院做出,有些由其他法院,还有一些是由立法机构在没有受到任何法院干预的情况下做出的。任何一扇门都不应该对那些有才能和意愿进入并从事这项工作的人关闭。这样回答了你的问题吗?接下来请米德伍德发言。在第二排,是吗?

学生　　　下午好,金斯伯格法官。

金斯伯格　对不起,请原谅。我必须插一句,我来自布鲁克林的麦迪逊高中,而你来自米德伍德。当时我们是竞争对手,不知道现在是否依然如此。

学生　　　抱歉,在这个足球赛季我们赢了你们。(笑)我叫露西娅·富兰克林,是米德伍德高中的学生会主席。我想知道,您从作为一名法律界的女性和担任最高法院 108 位大法官中的第二位女性大法官的经历,是否觉得女性在政府中更难被认可,或者说甚至难以被重视。

金斯伯格　答案是肯定的,但我这一辈没有上一代那么难。而对我女儿、她的女儿来说,则更为容易。因为随着越来越多的女性到社会上工作,其他女性也会受到鼓舞。我们因此过得越来越好。正如我在开场白中所说的,全体人民用他们的才能智慧通过艰苦的思考和繁重的劳作来提升我们整个国家。好,请后排的同学来提问。

学生 您好,金斯伯格法官。我叫克里斯汀·吉尔菲思,是曼彻斯特高中大众传播中心的高二学生,我想知道,在您看来谁是历史上最好的总统,为什么?

金斯伯格 我不得不说是亚伯拉罕·林肯,因为他维护了美国的统一,他的文字和演说都如此优美。他是个能像艺术家绘画那样写作的人。当然,我们还有许多伟大的总统,但在我看来林肯是最优秀的。第三排的同学请说。

学生 下午好,金斯伯格法官。您是108位有机会在最高法院任职的大法官之一,我想知道过去或现在谁是您的导师,谁会是那个激励您成为最高法院大法官的人?

金斯伯格 很难说我在成为一名法官的过程中有过导师或什么榜样,因为当我从法学院毕业时,女性根本不可能出现在法官席上。第一位联邦法院的女性法官是1934年由富兰克林·德拉诺·罗斯福总统任命的。我从法学院毕业的时候,联邦上诉法院也还没有女性法官。1968年，约翰逊总统任命了另一位，但女性只是偶然的特例而已。因此，在我这个时代，没有一位女性法律专业毕业生渴望成为任何类型的法官，而是希望自己能以律师的身份谋生。

直到吉米·卡特总统执政期间，女性和少数族裔成员才开始出现在法官席上。值得对卡特总统高度称赞之处在于，这一切并非出于偶然或意外。他执意着手改变美国司法的面貌，使其真正反映出美国人民的全部才能，而不仅仅是其中的一部分。因此，当吉米·卡特就任总统时，将当时唯一的联邦上诉法院女法官提拔为第一任教育部部长，可惜之后就没有了。但他很快任命了25名女性担任全国各地的联邦上诉法院法官，并有更多的女性担任审判员。在吉米·卡特开创先例之后，每位总统也都认识到应充分利用人才的价值，这形成了一种模式。同样，里根总统任命第一位女性担任法院法官也功不可没。好，来自曼彻斯特后排的同学。

学生 您好，金斯伯格大法官。我是凯莉·柯林斯，是曼彻斯特高中大众传播中心的一名新生。我想知道是什么激励您从事法律职业的？

金斯伯格 有很多因素。首先有件事我得承认，如果上帝能赐予我某种天赋，我希望成为一位伟大的女高音歌唱家，因为我酷爱歌剧，但问题是我五音不全。在小学里，238公立小学，音乐课上，我被同学们分到麻雀而不是知更鸟的组别里，然后要我对口形唱出来。因此，我不可能成为一个伟大的女歌唱家。

我喜欢思考，喜爱表达，善于用书面和口头方式说服别人。法律似乎是这些技能派上用场的领域。但有个问题：我能找到工作吗？康奈尔大学的一位教授鼓励了我。他是教授政治学的罗伯特·E. 库什曼。我上大学的时候，美国的形势不容乐观。当下将其称之为麦卡锡时代，当时多数人选择沉默，因为不同意政府的政策可能会被认为不是美国人。这位教授让我意识到我们国家当下的形势，同时也意识到有勇敢的律师正站出来，公开反对参议院和众议院提出的那种盛气凌人又真正不符合美国国情的专横问题。

因此，这位伟大的老师给了我勇气，让我相信自己可以成为一名律师，并可以为社区和国家做一些有益的事。还有我的丈夫，我们一起上的法学院，他是一个对自己能力非常自信的人，从不把我视为任何威胁。他一直是我最大的支持者。还有很多成就我的人，其中包括我了不起的婆婆，但最重要的两位是那位很棒的老师和我的终身伴侣。现在轮到米德伍德。第三排同学请说。

学生　　金斯伯格法官，下午好。我叫海蒂·洛塔，是米德伍德高中四年级的学生。我的问题是：如果您在成为法官前可以作为最高法院大法官来选择审判一个案件，您会选择哪一个，为什么？

金斯伯格　过去的哪个案子？呃，可能是伟大的首席大法官马歇尔裁决的案件。（指着她身后的肖像）该案名为马伯利诉麦迪逊案，它确立了宪法的原则——这部宪法不仅仅是一份有抱负的文件，它也是国家的法律，是法官在适用案件中的最高法律。对合宪性进行司法审查的概念在世界其他地方没有实行过。该案开创了一个伟大的先例，并指引着美国司法机构的发展方向。

学生　嗨，我叫阿曼达·塔克，是曼彻斯特高中的四年级学生。我想知道，您认为法庭允许使用录音设备和其他形式的广播媒体会对案件的结果产生负面影响吗？

金斯伯格　我不认为这会影响案件的结果，但我同意这样做确实存在一些问题。关键问题是谁在控制诉讼程序？如我所了解的纽约最高法院那样从头到尾地展示庭审，那么节目制片人确实面临节目冗长的问题。但另一方面，如果有人从这里剪辑一段，从那里剪辑一段，凑在一起会形成一个错误印象误导大众。
一个令人担忧的问题是，律师在面对镜头时往往会表现得比较做作，而如果他们只是向法官和庭上人员做陈述，就不会如此。另一种情况是，法官可能会对某个特定问题使用专业术语来表达，受过法律培训的人在相互对话过程中很容易理解这些术语，但在电视上的效果就会不尽如人意。因此，我不认为这会对案件的结果产生任何影响。但我对一些法院正准备尝试使用摄像机感到高兴，这样我们在做一些裁决的时候，就有经验可循了。来，请第二排的同学。

学生　　您好，我叫吉莉安，是米德伍德高中的四年级学生，我想知道当您审理一个案件准备做出裁决时，您首先考虑的是正义还是法律程序，这是否会影响您审理案件的方式？

金斯伯格　　我首先考虑的是正义还是法律程序？希望这两者不会差得太远，因为司法程序的目的是公平有序地陈述案件。所以，我们在法庭上非常尊重所谓的"先例"，即早前做出的判决将成为后续案件的先例。这是因为我们需要保持系统的稳定。如果每个案件都是新事物，那么今天的游戏规则将与昨天不同，没人知道该如何处理，因此先例很重要。正义当然也是制定法律的一个要素。当你进入法院大门时，上面写着什么？你是从正门进来还是从边门进来的？嗯？（学生安静地回应）是的，法律赋予平等的正义。这就是理想，法律应为正义服务。让我们看下，第三排。

学生	下午好。我是艾丽卡·威尔斯,是曼彻斯特高中二年级的学生。在您职业生涯的早期,由于您是女性,因此很难获得平等的机会。这会让您更偏袒涉及少数族裔的案件吗?
金斯伯格	这会让我偏袒吗?我认为,身处过少数群体的人会对主流之外的处境感受敏锐,但这并不意味着处于多数群体的人就不敏感。如果你曾经处于不被需要的位置,你就容易对同样处境的人产生同情。我们选第二排中间,好吗?
学生	下午好,金斯伯格法官。我叫迪尔德丽·霍尔德,是米德伍德高中的三年级学生。我想知道您在最高法院担任女性大法官的经历是怎样的?是否符合您的预期?
金斯伯格	成为一名法官是我所期望的吗?差不多吧,因为法院对我来说并不陌生。我从 1970 年代起就是这里的一名辩护律师,然后在离这三四个街区的宪法大道上的联邦法院工作了 13 年,所以对法院工作很了解。对了,我还当过 17 年的法律教师,教授的学科之一是民事诉讼法和宪法。 对我来说改变最大的,也是之前从未遇到过的,就是作为仅有的九个人之一,我受到了巨大的公众关注。当我还是一名联邦上诉法院法官时,我是上百人中的一员。作为仅有的九个人之一就意味着你在

某些方面受到了关注。虽然这不全是坏事，但有时候也会有点烦人。因为凡事都有两面性，有好就会有不好。举个例子，好的部分是：我记得被任命法官后不久，去了一次五角大楼附近的梅西百货。销售人员蜂拥而至，询问是否可以为我提供服务。而在此之前，买东西的时候很难找到人帮忙。不太好的地方是，例如我刚上任的第一年，有一家报纸报道说，我对工作有强迫症，因为有人看到我在放映电影预告的时候查邮件。所以你不知道你在做私人事情的时候有人在身后监视你。当然，对于这份工作给我带来巨大满足感相比，对隐私的侵犯只是付出的很小代价。

学生 下午好，金斯伯格法官。我叫艾米莉·温戈，是曼彻斯特高中大众传播中心的一名高二学生，我想知道，您对纳普斯特[1]有什么看法？

金斯伯格 好的，我可以告诉你对纳普斯特的看法。我的回答是，纳普斯特公司提出的问题很可能会在法庭上出现。因此，我不想预设我的观点。

你们也知道，法院是一个被动的机构，不像国会或总统那样发起事件。它等待人们向法院申请受理案件，然后才会提交案情简报。现在，律师们努力告

---

[1] 一个点对点的音乐分享服务，因版权问题受到争议。

诉我们案件的内容是什么，或者他们认为法律的相关要求是什么。"简报"这个词用词不当，因为实际上简报很少是简短的。在法庭上，仅仅是起诉状就可以长达 50 页。

无论如何，如果我们要审理纳普斯特这样的案件，我们不仅会从律师的答辩状而且会从其他联邦法院的许多判决中获得信息。你知道，这个法院是终审法院，而不是初审法院。我们将由初审法院和上诉法院就这个问题做出裁决。会有很多法庭之友提交辩护状，因此当我在法官席上听取辩论时，已经做了大量功课，而这些都是当事人或感兴趣的人士向我提供的。我的判断不是基于我个人的倾向，甚至不是我个人的研究，而是基于对该判决关注的人所提出的意见。所以我不会试图预设我的观点，一是因为这不合适，二是因为我当下还不了解情况。你问的问题很适合我女儿，因为她也从事法律工作。她是哥伦比亚大学法学院的一名法律教师，她的专业领域是文学作品产权（literary property），所以她对纳普斯特的案件了如指掌，在法庭辩论的那天，我可能会从这个案件或其他类似案件的辩论中了解纳普斯特。现在我们又到了米德伍德，对吗？

学生 您好，金斯伯格法官。我叫曾凯伦，是米德伍德高中的一名三年级学生。在（录音不清）案件中，您认为第五修正案非常重要。但在9·11事件发生后，您的观点是否发生了改变？为什么？

金斯伯格 哪个案子？

学生 是那个（录音不清）案件[1]，就是1998年关于一名外国移民在移民申请表上填写虚假信息的事情。

金斯伯格 这是在上诉法院还是最高法院？

学生 在最高法院。

金斯伯格 好吧，我对第五修正案的看法肯定没有改变。你说的是其中的一条，实际上，第五修正案规定了许多内容，包括由大陪审团起诉的权利，也许最著名的条款你没太关注，就是"未经正当法律程序，任何人都不得被剥夺生命、自由或财产"。第五修正案还规定，私有财产不得在无正当补偿的情况下挪作他用，以及防止因同一犯罪遭两次起诉。但我想你指的是"任何人都不应被假定为犯罪而追究责任"，其实这就是大陪审团的作用。你可能想到的是所谓的自证其罪的条款，即"也不得强迫任何人在刑事案件为自己作证"。我认为，这是我们伸张正义的基本方式，也就是说，检察官必须证明一个人有罪，而不是像某些国家仍然采用刑讯逼供令其认罪。没有人会往被告的眼睛里撒盐，但检察官的责任不仅在于证明被告

---

[1] 可能是美利坚合众国诉贝尔希斯案（United States v. Balsys）。

	相较于无罪更可能有罪，还要采取一个标准，陪审团被告知要如何？你要定罪，你必须发现……请讲。
学生	超越合理的怀疑？
金斯伯格	超越合理的怀疑。这是检察官的责任。但我们面对任何紧张的情况，我们的反应可能是："安全是首要考虑，其次才是自由。"我们自然会关心自身安全，这很正常，但如果以放弃自由作为确保安全的代价，我们就很难成为伟大的国家了。所以，第五修正案中的所有内容对我来说都很重要，如果要说有什么不同的话，那就是自9·11事件以来，它比以前更为重要。因为我们要向全世界展示我们国家的价值观，以及我们国家永远不会被这样的事件所打倒的原因。因为我们真正的力量来自这个国家的自由和民主。现在，我们看看，第二排的同学发言，好吗？
学生	我叫威廉·柯林斯，是曼彻斯特高中四年级的学生。我想回顾一下您之前谈到的一些先例。在我的政府管理课上，我的老师考克斯众议员曾说过，在过去，有时法官们会与他们认为或相信正确的事情背道而驰，这样就不必推翻先例。您有没有遇到过这样的情况？如果遇到过，您是怎么做的？
金斯伯格	有一位伟大的法官布兰代斯曾说过："有些案件判

决做出的过程已经比判得正确更好。"他的意思是：在某些情况下，特别是当我们谈论的不是宪法中的重要条款，而是国会制定的诸多法规中的一项时，重要的是人们知道法律规定了什么，由此他们才能按照法律去行事。在这种情况下，人们可能会搁置多数人的观点，因为重要的是途径，应该这样做或者应该那样做。但我们应该就它到底是什么达成一致共识。因此这取决于我们所讨论的案件类型。当涉及某个特定法律到底是什么意思时，如果法院弄错了而立法机构认为答案与法院做出的解释不同，那么立法机关可以修正。所以在很多情况下，法官可能会说："好吧，如果我是国王或女王，我会选择这样判决。但既然明显大多数人反对，我也会加上我的一票让判决更有分量。"

但如果这是一个根本问题，那就不是个人观点的问题了。如果法官们没有历史和先前判决的帮助，只是一味地坚持个人观点，我们就会陷入混乱。我认为约束我们所有人的是——这里有九个人，如果每个人都说，"我要以国王的方式来裁决每个案件"，那我们就无法做出一致的判决。这势必会陷入混乱。因此，我们所有人都清楚，在一个合议庭上，不是强加自己认为的卓越智慧，而是根据历史、法律和法律裁决，以及作为这个引以为荣的法庭成员的身份去进行裁决。有请第二排。

学生 嗨,我叫克里斯特尔·福特,也是米德伍德高中的校长。金斯伯格法官,作为一名女性,有时仁慈会影响一个人的判断。作为一名法官,您是如何做到既公正又仁慈的?

金斯伯格 好的,我希望我是有人情味的,因为我知道许多人会同意莎士比亚的观点,即仁慈的品质应被发扬光大。正如我所说,这是判断的一部分,但不是唯一的部分。一个人对另一个人的同理心,我在回答之前的一个问题时说过:如果你曾经被歧视过,你就会更能理解处于同样处境的人。但必须说,我不会把自己的同理心仅仅归因于我是一个女人。如果你来到我的办公室,会看到我长孙和他父亲,也就是我女婿的合影,他们彼此之间的爱是如此美好。我一直在想,如果男人们能够自由充分地展示出自己的人性关怀,展示出他们能够像女人一样充满爱地与孩子们相处,那么我们的世界将会变得更加美好。我们看下,我想选一些没发过言的同学,你没有,对吧?

学生 下午好,我是来自曼彻斯特高中大众传播中心的吉连·那杜夫斯。金斯伯格法官,您是否处理过自己的政治观点与对宪法的解读不一致的案件?

金斯伯格 我来回答这个问题:是的,就像我回答过其他的问题,我并不是作为政治领袖在这儿的。而是为了解释和执行宪法和其他所有的联邦法律。因此，在有些情况下，无论国会刚通过了怎样的法律，我都不会投赞成票。但无论如何这就是法律，所以我必须运用它——尽可能公平合理地理解并加以运用。请第二排同学。

学生 我叫基思·莱杰，是米德伍德高中的一名四年级学生。我想知道，有没有发生过这样的情况，您已经做出了决定，但基于其他法官的意见改变了决定，为什么？

金斯伯格 是的，不仅是在我任职的几年里，而且当我在上诉法院工作时，也有许多类似情况，我们的合议庭一般由三名法官组成。你要听取同事的意见。在场所有人都精通说服的艺术，通过多种方式对他人进行说服：比如在写给彼此的备忘录中，在正式会议的对话中，在大厅的非正式电话中，我们不断试图说服对方。我也曾被同事的观点说服过，希望同事们也能被我的观点所说服。

这是一个合议庭的事情，我可以告诉你，尽管媒体倾向于强调法院内部的分歧，即5∶4的裁决，但在我们的判决案件中，约有40%的判决是一致的。考虑到我们不受理一般案件，除非其他法院对正确答案存在分歧，40%的一致同意率已经是个相当好的记录了。相比之下，大约有25%的案子会以5∶4

的比例裁决，但更多时候，我们能够就一项或至少一项判决达成一致。这是因为我们听取了彼此的意见。但合议的过程就是这样——表达自己的观点，在认同别人观点的基础上令自己更有说服力。第二排，对吗？

学生 　是的，金斯伯格法官，我叫斯蒂芬·基尔·艾基达斯，是曼彻斯特高中的四年级学生。在您任职的所有法院中，而不只是在最高法院的这些年里，是否出现过一起有争议的案件或让您后悔决定从事这一职业的事情？

金斯伯格 　这个呢，让我来告诉你一些我在上诉法院工作时从一位同事那里得到的非常好的建议。他是一位优秀的法官，他的名字叫埃德·坦纳。他说："在每个案件中，你都要尽你所能，但当案件结束，判决结果公布时，要义无反顾。也不要执着于过去的判决耿耿于怀，而是全力以赴处理下一个案件。"我一直遵循着这条建议，它对我受益匪浅。请倒数第二排的那位。

学生 　下午好，金斯伯格大法官。我是格雷格·斯塔米纳斯，米德伍德高中的一名四年级学生，我想知道您对布什总统昨晚发表的国情咨文有什么看法？

金斯伯格 　我听到的部分非常不错，而且在我看来很精彩的是，当格法特（Gephardt）做出回应时，其中大部分内容都同意需要以两党合作的方式共同应对我们面临的这一新挑战。我没有听完，因为我昨晚很晚才离开法院，但打开收音机，听到了相当一部分。这边有谁没有发言？你没有，好吧。

学生　下午好，金斯伯格大法官。我叫阿什利·切尼，是曼彻斯特高中大众传播中心的二年级学生。早些时候，您谈到非常乐意与高中生见面，我想知道您能否给我们一些建议，理由是什么？

金斯伯格　那就是追逐你的梦想。请相信，正如我之前所说的，如果你真的有意愿去做，就没有关上的门。无论你选择做什么，都是美好的经历，这意味着：不要只为自己而做，因为到头来很难完全满意。我觉得你应该是让世界因你的存在而变得更好。一个人从人们所谓的"献出一块钱"中感受到的快乐，根本无法与通过你的努力改善别人的生活和社区获得的满足感相提并论。

我看到还剩 10 分钟啦，所以我们只给那些还没有提问的同学机会，是你吗？

学生　（录音不清）夫人，我是米德伍德高中三年级的学生。请问政府能做些什么来进一步促进国家的民主化，以纠正国家权力的分配不均，提高人民对政府的了解，使政府更加民主？

金斯伯格 你可以承认我们远非完美，但是当我开始演讲时，你知道"我们合众国人民"在1787年意味着什么吗？我们的整个历史都是让越来越多的人参与进来，让越来越多的人在政府中拥有发言权。迄今为止，我们在这方面的努力取得了相当大的成功。希望我们能继续沿着这条道路前进。你说呢？

学生 嗨，我是阿什利·马斯科尔曼，来自曼彻斯特高中，是名四年级学生。我想知道，有没有一些案件您认为应该提交最高法院审理，却没有得到四位法官的投票通过？

金斯伯格 问题是：我是否认为有过应该来最高法院而没有来的案子。我的答案是，如果他们应该来，就会来。让我向你解释一下我们的工作方式：现在每年有超过8 000多份审查申请。其中，我们选择做出判决的不到100份——大概在70到90份之间吧。我们如何选择要判哪些案子呢？需要得到四票才能批准一项申诉。如果少于四票，申请将被自动驳回。当其他法院对法律存在分歧时，无论是宪法还是成文法，本法院就会受理这类案件。如果一些案件在下级法院已经存在这种分歧，那么这类问题就会反复出现。因此，如果说我犯了错误，批准本不应被批准的案件，那是因为审核过于匆忙或是与事实不符。如果我们拒绝审查的这个案件确实很重要，那以后还会有很多机会来处理。所以我并不担心否决票。

我们有规定只允许学生提问，所以我得遵守啊。你已经提问过了，你也提过了？米德伍德那边还有谁没问过问题吗？那我们再回答你的问题。

学生 您好，我是米德伍德高中的安娜，是四年级学生，也是校报的一员。我想知道：对于我们学校那些希望成为律师的年轻女士们，或许有一天也会在九位大法官的小组中占一席位，您对她们从事律师职业有什么建议或忠告？谢谢。

金斯伯格 成为一个受过良好教育的人。法学预科生有时会说，我应该主修政府学吗？我的回答是，去主修你喜欢的专业：音乐、艺术。成为一个受过良好教育，懂得欣赏优秀文学作品，对哲学略知一二的人。法律是一门学问——我很喜欢律师——是一门博学的职业，它不像面包师或鞋匠那样精通一门手艺。但法律涉及非常重要的工作，是一个真正的职业，也是一个有学问的职业。因此，你不仅仅是在为某人准备遗嘱或撰写公司章程，而是一名顾问。你要成为一名睿智的顾问，你应当是一个受过良好教育、博览群书的人。

我想这应该是曼彻斯特的最后一个问题了。你前面提问过吗？有请。

学生　　大家好，我是来自曼彻斯特高中的尼基·维克多，是一名四年级学生。我的问题是：之前您就选拔法官的标准或者说测试陈述过自己的想法，我想知道您希望对大法官和法官的提名做出什么样的修改，如果有的话？

金斯伯格　联邦法官是终身任职的，我不认为这有什么不妥——事实上，这是有好处的——在任命的那一刻，即将获得一份终身职业之前，你要受到政府部门的监督认可。由总统遴选，然后参议院确认。首先，作为一名法官，你的余生都将坐在高位上提问。如果你曾处于问题的接收端，比如说接受参议院司法委员会的提问，这会让你更有同情心。

但问题是应当要确定，此人是否具备成为一名优秀法官所需的知识和具有的同理心，而不应是她在某一特定案件中如何投票。只以如何投票判决为依据挑选出来的法官，有时会令总统大失所望。因为你有做决定的自由，不用担心是否会丢掉这份工作，或者国会是否会削减你的薪水，因为宪法禁止这样做。

如果说需要改进的方面，我认为至少在最高法院大法官的提名上可以完善一下合并程序。我的提名程序花了一周时间，这其实没有必要。因为一两天足以搞定。我倾向于认为,之所以拖这么长时间,是因为参议员们有机会在镜头前露面。但可能有时候法官受到质询也有益处,只要这些问题是针对法官的知识储备及理解力,而不是如何对案件投票就行。

我们是否超时?还有最后一个问题是吗?

学生 下午好。您之前说过,年轻的时候想成为一名歌剧演员。经过这些年您在政府的工作,您会用现在职业中的成就来换取它吗?

金斯伯格 这是个非常棘手的问题。好吧,如果我的嗓音能像普拉西多·多明戈那样,六十多岁依旧丰满华丽、嗓音嘹亮,也许会考虑。但律师的工作比歌唱家更有优势,那就是:我们可以写作,可以思考,可以阅读——到一定年龄后还可以借助眼镜来完成。我们可以一直做到七八十岁,有些人甚至可以做到九十多岁,我认为歌手普遍做不到这一点。所以,随着年龄的增长,我开始觉得也许当律师或法官更好。(掌声)

我猜想，如果开国元勋们能看到1960年代的美国生活，他们也会同意这一点。

45 WORDS: A CONVERSATION ABOUT THE FIRST AMENDMENT WITH SUPREME COURT JUSTICES ANTONIN SCALIA AND RUTH BADER GINSBERG

45个词：与最高法院大法官安东宁·斯卡利亚和鲁斯·巴德·金斯伯格关于第一修正案的谈话

采访者
马文·卡尔布

《卡尔布报道》(*The Kalb Report*)
华盛顿特区国家新闻俱乐部，2014年4月17日

卡尔布　　大家好，欢迎来到国家新闻俱乐部，欢迎收看新一期的《卡尔布报道》。我是马文·卡尔布，今晚的节目是"45个词[1]：与最高法院大法官安东宁·斯卡利亚和鲁斯·巴德·金斯伯格关于第一修正案的谈话"。很显然，能请到一位最高法院大法官来做客是我的荣幸，但能同时请到两位大法官确实是一种非常特别的殊荣。尤其是这两位，他们通常代表着最高法院中截然不同的观点——一位是自由派，另一位是保守派——而且他们是很好的朋友，一起吃饭，一起旅行，一起看歌剧。事实上，他们激发了一部名为"斯卡利亚/金斯伯格"的新歌剧的灵感。（笑）他们就像昔日的国会大厦一样，政治分歧不会阻止美好友谊的蓬勃发展。

斯卡利亚大法官于1986年由罗纳德·里根总统任命，是当今最高法院任职时间最长的大法官。他被称为"原旨主义者"，这意味着他认为宪法应当或多或少按照开国元勋们的意思来解读。他说："你希望改变，改变立法机构，改变法律。"他的工作

---

[1] 美国宪法第一修正案由45个词构成。

就是解释法律。

金斯伯格大法官于1993年由比尔·克林顿总统任命为最高法院法官。她认为,宪法是所谓的"活的"法律,这意味着它随着社会的变化而变化,一环扣一环互为影响。尽管传统和先例很重要,但并不会影响她的法律判断。

尽管两位大法官之间存在差异,但他们都将毕生精力奉献给了法律、教学、民主和自由。我们要讨论的是新闻自由,但是让我们从自由这一概念的含义谈起,从它的起源、在美国独立战争时期的意义,以及在当今美国社会的意义谈起。我一直着迷于《圣经》十诫中的第一条诫命和《宪法》第一修正案,它们都强调了自由的核心重要性。第一条诫命说:"我是耶和华你的神,是领你出埃及、出奴役之家的神,除了我以外,你不可有别的神。"如果不是为了自由,又是为了什么呢?第一修正案保障我们的宗教、言论或出版自由,享有和平集会和向政府请愿申诉的权利。

斯卡利亚大法官,在您看来,第一条诫命和第一修正案之间有联系吗?会是一个启发了另一个吗?

斯卡利亚　　哦,我对此表示怀疑。(笑)

卡尔布　　好的。

斯卡利亚　　我认为,我们的宪法是受到普通法传统的启发的。

例如，制宪者所说的言论自由，就是当时英国人与生俱来的权利。我不认为这与摩西有关。（笑）自由在当时意味着没有约束，没有胁迫。举例来说，宗教自由意味着你不能被强迫为不崇信的教会捐款，不能因为你的宗教信仰而被禁止担任某些公职——都不能强迫。我认为言论自由也是如此。

卡尔布　　金斯伯格法官，请谈下您的观点。

金斯伯格　　马文，你说过你可能问我们这个问题。其实我对此感到困惑。因为当我读十诫时，其中的前四条并不是关于自由的，而是关于人类对上帝的义务。你在我面前不可有别的神，不可有雕刻的偶像，要纪念安息日尊之为圣——一切皆是人们对上帝的义务。但你的问题提的正是时候，因为今天是逾越节，而逾越节的确是庆祝民族解放的节日。《哈加达》中有许多歌颂自由的诗句。因此，我认为逾越节仪式是在推进自由的理念，而不是严格的前四条诫命。

卡尔布　　我想我错了，但是（笑）我的意思是，我一开始就知道，不过……

斯卡利亚　　你可能觉得你在法律上是错的，而不是在神学上。（笑）

卡尔布　　我想知道的是，撰写宪法的人在谈论自由时，他们的想法是什么。您提到了普通法。普通法对自由并没有明确的规定，但有许多不同的解释。我想问，在我们讨论新闻自由的具体内容之前，您对这个概念是怎样理解的。

斯卡利亚 哦，我不认为普通法对自由的规定很泛。例如，言论自由就很清楚，它不包括诽谤的自由，你可能会因诽谤而被起诉。这种强制与言论自由并不冲突。当然言论自由的某些方面规定比较模糊，但有些相当清楚。

卡尔布 金斯伯格大法官，自由的概念在宪法中非常突出，比如在第一修正案中。作家托马斯·潘恩对此有一个简单的解释。他写道："如果像自由这样崇高的东西没有得到高度评价，那才是真正的奇怪。"

因此在我看来，我会反复强调这一点，如果要把自由的概念放在最重要的位置，必须在脑海中思考自由对你当时所做的事情的重要性，那就是开始建立民主。

金斯伯格 斯卡利亚大法官在他的公开讲话中提到了这一点。他认为第一修正案在于保护人们不受政府制约。我认为我们对第一修正案的表述与法国的伟大文件《人权宣言》中的表述截然不同。第一修正案是说：请放手，政府。它并没有说每个人都有言论自由的权利。而《人权宣言》主张人人都有权自由发言。

第一修正案在于国会不得制定剥夺言论或出版自由的法律。所以它指向政府，上面写着：政府，放手。这些权利已经存在，你不能违反它们。

卡尔布	约翰·斯图尔特·密尔，那个——抱歉，请继续。
斯卡利亚	我想说，自由这个概念不应该被描绘成美国民主的基础。别忘了，《人权法案》是事后才想到的。这不是 1787 年他们在费城辩论的问题。批准宪法的几个州明确表示，他们希望增加一项权利法案，但它是在 1791 年根据第一届国会的提议增加的。 他们认为能真正维系自由社会的是政府的权力结构，这就是他们在 1787 年辩论的内容。如果你不认同这个观点，可以看看这个世界。当今世界上每一个独裁者都有一项权利法案。但这个权利法案无法保障自由，只有政府的权力结构可以避免权力被攫取。一旦发生这种情况，有人集权，人权法案就会沦为空谈。所以，你要警惕注意，权力结构就是命运。
卡尔布	所以要关注的重点就是政府的权力结构。
斯卡利亚	我们的结构体系与世界上大多数国家的大相径庭。例如，只有极少数国家的立法机构是真正的两院制，包括英格兰，他们没有两院制。上议院啥事做不了。（笑）当然他们可以让下议院再次通过法案。

当第二次法案通过时，它就成了法律。

经由单独选举产生总统的国家非常少，议会制国家也没有。在欧洲所有的国家，行政首脑都是议会的工具。他们之间从来没有严重的分歧。一旦有，他们也会将其剔除出去。他们来一个不信任投票，接着是新的选举，任命一个新的工具而已。我的意思是，我们与世界其他国家如此不同，而这种独特性比其他任何东西都更能维护我们的自由。你不会想生活在世界上大多数有保障言论和新闻自由的权利法案的国家。你不会想生活在那里的。

金斯伯格 在这一点上，我不同意我同事的看法。

卡尔布 很高兴您能这么做。我可没这个勇气。（笑）

金斯伯格 首先，我不认为世界其他国家会把目前我国的立法机构当作可以效仿的榜样。（笑，掌声）其次，无论人们最初是如何理解的，政府的权力结构是为了保护我们的自由，但其中始终有着权利的理念。想想我们第一份伟大的文件——《独立宣言》。

此外，新闻界现在所享有的巨大自由和受到的保护确实来得相当晚。第一修正案是在第一次世界大战开始的时候以一种严肃的方式制定的。因此，今天人们享有的自由，即言论和出版自由，直到很晚才成为最高法院的一个重要议题。

斯卡利亚 之所以这个议题变得重要，主要是因为直到 20 世纪中叶，《权利法案》还没被适用于各州。难以置信吧，是20世纪中叶！当时《权利法案》只是限制了联邦政府的行为，而不是州的行为。这就是为什么直到20世纪中叶，我们才有了这些关于是否可以在城市广场上设立托儿所的案子。是不是你旁边有个耶稣降生的模型，圣诞老人就会坐在上面呢？（笑）我的意思是，那时候我们根本没有这些愚蠢的案子。直到《权利法案》在各州开始实施时，才有了这些限制。因此，许多由州施加的言论限制，也许违反的是州的《权利法案》，但没有违反我们的《权利法案》。

卡尔布 但我想知道，在将近两百年前政府权力结构形成的时候，开国元勋们对自由是如何看待的？约翰·斯图尔特·密尔提出的一个关于自由的定义我觉得非常有说服力，但我不知道这是否就是他们心中的自由。他谈到"在实际或推测的所有科学、道德、或神学上享有表达意见和情感的绝对自由"。我想知道这是不是麦迪逊和门罗当时的想法，还是他们对自由的理解更为狭隘。金斯伯格法官？

金斯伯格 我不会说这种观点狭隘，但是也不存在绝对的权利，即使你读过的第一修正案给人感觉似乎如此。因为它说"国会不得通过任何法律"。

卡尔布　　　任何法律。

金斯伯格　　但当然有很多法律国会可以通过。因此，我不知道有什么权利是没有限制的，是绝对的。

卡尔布　　　即便在那个时候的开国元勋们心中也是这样吗？

金斯伯格　　我想是的。

卡尔布　　　请解释一下，为什么在第一修正案中，在列出"言论自由"之后，开国元勋们认为有必要或者想要添加这个至关重要的词："新闻自由"。他们为什么要加上这个？出于什么理由？斯卡利亚大法官？

斯卡利亚　　我认为这是一个自然的补充，它本身包含的意思就是言论和出版的自由。它指的不是机构新闻，不是那些戴着一顶贴着"新闻"标签的帽子到处跑的人。我不确定他们当时是否提到过所谓的"新闻机构"。而且，该条款也没被认为赋予新闻机构任何特权，它赋予任何拥有复印机的人特权。

卡尔布　　　请原谅，"新闻机构"是什么意思？

斯卡利亚　　我指的是那些以写作和出版为业务的组织。NBC，CBS，还有你。

卡尔布　　　我喜欢！（笑）

金斯伯格　　我们没有从英国借鉴的一个理念是审查机构，他们

	在书籍出版前要进行审查。我认为部分好处是可以保护媒体。令英国和欧洲大陆费解的是，美国政府从未设立过审查机构。想想威尔第，他不得不把他的歌剧情节……
斯卡利亚	哦，你必须把歌剧带进去，是吗？我就知道你要这样做。（笑）
卡尔布	当时人们是否知道媒体受到限制？是否理解这种局限性的存在？
斯卡利亚	是的，比如演讲，口头演讲和书面演讲两者皆有限制。我说过诽谤法，这就是个例子。
卡尔布	是的，但当时的媒体是何想法呢？
斯卡利亚	我不知道当时对媒体有无特别规定，但我知道媒体不需要被审查就可以获得出版许可，其他人也一样。
金斯伯格	不过新闻界惹恼了我们历史上一些非常重要的人物，比如托马斯·杰斐逊。
卡尔布	的确如此。有趣的是，杰斐逊在担任总统之前对新闻界评价很高，但在担任总统期间，却说新闻界是胡说八道，任何报纸上说的都不可信。
金斯伯格	但它是如何幸存下来的？有一件事对我来说是言论自由重要性的缩影，那就是在美国的选举中：表达自己想法的权利。对我而言，这就是美国。

斯卡利亚　　我在想，如果你非要选择——当然你未必需要这样做——一种对民主运作最关键的自由，那一定是言论自由。因为民主意味着互相说服，然后最终遵循少数服从多数投票选举。假如有一种观点受到压制，这样的制度就无法运行。因此，这是民主制度中的一项基本自由——这项自由比在任何其他政体都更为必要。我想即使没有言论自由，君主制也能有效运转。但没有它就无法令有效的民主运作。

卡尔布　　在新闻自由问题上，约翰·亚当斯写道："人类目前无法在没有它的情况下治理，也无法在有它的情况下治理。"追求新闻自由似乎一直是美国历届总统的一个问题。但从更广泛的意义上讲，如果没有新闻自由，您觉得我们能否作为一个民主国家一直延续至今？您怎么看，金斯伯格大法官？

金斯伯格　　我并不认同。新闻界在监督政府行为方面发挥了极其重要的作用，使得政府不会太出格，因为领导人容易成为众人瞩目的焦点。没错，新闻界也有各种各样过度的报道，但考虑到没有其他选择，我们必须忍受这些。

卡尔布　　斯卡利亚法官，您想对这个问题发表评论吗？

斯卡利亚　　不，我当然同意。

金斯伯格　　保持新闻自由很难，因为有很多人不喜欢新闻报道的内容。独立战争刚结束的时候有一幅漫画，画的是一个保守党人被警察带走，标题是"言论自由，献给那些谈论言论自由的人"。因此，拥有反对政府、反对社会主流观点的权利是非常重要的。

斯卡利亚 包括发表反对民主言论的权利，我是说别忘了这一点。一些最大的争论是，言论自由是否包括反对言论自由或反对民主言论的自由。尽管说不包含也是合理的，但当然，我们拒绝接受这种观点。共产党有权说这种民主制度行不通，让我们废除它。

金斯伯格 这一想法要站稳脚跟需要花一段时间，因为当时有法律禁止无政府主义、煽动叛乱和工团主义。

卡尔布 我想，这也许把我们带到了1964年最高法院对《纽约时报》诉沙利文案的裁决，这无疑是一个具有里程碑意义的裁决，您刚才也谈到了诽谤在当时的重要性。在这项特别的裁决中，有些非常具体的规定——这个词可能不恰当，或者说在这个裁决中写入了一些概念，我想读一下布伦南大法官所说的话，我认为这句话值得尽可能多地被引用："公共讨论是一项政治责任，它必须是不受约束、有力和公开的，且应该包括对政府和公职人员激烈的、刻薄的，有时甚至是令人不快的尖锐攻击。"您刚才在某种意义上提到了这一点。那么斯卡利亚大法官，当时在1964年，我记得法院的裁决是9∶0全

	票通过，如果这类问题今天被提交到法院……会发生什么？
斯卡利亚	我不记得是否一致通过，我不确定……
卡尔布	是的，是9∶0。但我愿意接受纠正！
斯卡利亚	即便如此，这也是错误的。（笑）
卡尔布	错了吗？
斯卡利亚	问题并不在于这样做是好是坏。《纽约时报》诉沙利文案所认定的是，虽然成为公众人物需要什么条件一直是个疑问，但任何政治家肯定都是公众人物，而如果你是公众人物，就不能起诉某人诽谤，除非能有效证明此人知道这是谎言。只要他从别人那里听说的，你懂的……就使公众人物很难赢得诽谤诉讼。 乔治·华盛顿、托马斯·杰斐逊，我认为这些制宪者会对他们可以被诽谤而不受惩罚的想法感到震惊。当最高法院做出这一裁决时，它正在修改宪法。纽约州本可以通过民众投票来修改诽谤法，规定不得恶意诽谤公众人物，但纽约州并没这么做。反倒是九名律师提议宪法应该如此规定，尽管宪法从没这样的意思。这就是我和鲁斯在"活宪法"问题上的分歧。她认为没关系，而我不这么认为。
金斯伯格	1787年或1791年，法院在《纽约时报》诉沙利文案中所面临的情况并不存在。此案的当事人是一名

警长,他说《纽约时报》的一则广告对他进行了诽谤。当时正值民权时代,诽谤法可能被用来压制主张自由的人们。因此《纽约时报》诉沙利文案的判决意义重大。我想说,为《纽约时报》辩护的律师赫伯特·韦克斯勒,是一位伟大的宪法学者,当他告诉苏兹伯格,"我们赢了,陪审团一致通过",苏兹伯格的反应有点犹豫。他说:"这对《纽约时报》来说是件好事,但其他那些没有我们这样高标准的报刊怎么办?"但《纽约时报》诉沙利文案现在已被广泛接受,我很不同意我的同事。我猜想,如果开国元勋们能看到1960年代的美国生活,他们也会同意这一点。

卡尔布　　　所以您会投赞成票?

斯卡利亚　　哦,天哪,是的,她会投赞成票的。(笑)加油,加油,卡尔布先生!(笑)

金斯伯格　　我想提一下,但不多说了,因为下周我们就要审理案件了。一个州通过了一项法律,规定"不得在政治竞选中针对任何候选人或任何投票倡议发表虚假言论",即不得在选举中做虚假陈述。但法院将面临的问题是:禁止在政治竞选中发表虚假言论的法规是否符合宪法?

卡尔布　　　我们还能指望什么呢?(笑)

斯卡利亚	6月底前做出判决。（笑）
金斯伯格	那是另一个判决，我不记得斯卡利亚大法官在哪里，但那是阿尔瓦雷斯（Alvarez）案。那个谎称自己获得过荣誉勋章的人——是叫英勇什么来着？
斯卡利亚	《冒用荣誉法》（Stolen Valor Act）。
金斯伯格	就是这个名字。
卡尔布	我想指出的是，备受推崇的"无国界记者"组织发布了一份新报告，称美国在2013年经历了所谓的"新闻自由的严重侵蚀"，在全球排名中下降了14位，跌至第46位。 你看现在记者们有点紧张，他们感觉像找到了朋友。您觉得记者们今天认为最高法院是新闻自由概念的朋友，这种想法对吗？
斯卡利亚	你想让我说不对吗？（笑）当然，法院里的每个人都崇尚新闻自由。至于这意味着什么，现在还有些分歧。例如，无论国家处于何种紧急状态，新闻界人士都不必披露其消息来源。这是一个从未遇到过的问题，我认为这非常有趣，而且不一定有明确的答案。 所以，你可以在崇尚新闻自由的同时还能享受反对的乐趣，理解吗？
金斯伯格	我想知道如何得出美国是全球新闻自由排名的第46位的。我想到了英国的传统，直到今天新闻界都不

能报道正在进行的审判。

斯卡利亚　在英国他们可以诽谤公众人物。

卡尔布　自 1964 年沙利文和《纽约时报》的案子以来，正如你之前指出的，现在任何人都很难在这个问题上说记者诽谤。我想说的是，目前对这个国家的很多人来说非常重要的事情是，国家安全局，NSA，新近被披露的活动以及新闻业爆料的所有问题，我猜测法院在政府监控领域将面临一些重大裁决。值得注意的是，就在本周，《华盛顿邮报》因关于爱德华·斯诺登和国家安全局的报道而获得普利策奖。所以我想先问下金斯伯格大法官，您觉得《华盛顿邮报》应该获奖吗？

金斯伯格　这个问题在座的记者比我更有能力回答。

斯卡利亚　我不看《华盛顿邮报》，所以不知道他们获奖的原因。（笑）

金斯伯格　是的，包括第一页底部的公告，上面写着本周将要发生的事情，以及今晚被宣布为一个事件。

斯卡利亚　哦，很好。

卡尔布　是的，让人自豪。所以请告诉我，您认为斯诺登是吹哨人还是叛徒？

斯卡利亚　哦，这不是我关心的部分。这是政策问题，不是法律问题，我不予置评。

金斯伯格　你提出的问题也有可能提交法院审理，不是吗。

卡尔布　的确有可能。

金斯伯格　我们不能随意预审……

卡尔布　我很认同。让我从另一个角度提问。（笑）

斯卡利亚　如果是同样的问题，你会得到相同的答案！

卡尔布　也许吧。（笑）但我还是要试一试。如果有人对你说："你可能不认同我在做的事，"——这里不是指你个人，你们可能都不认同——"但这么做是因为有道德上的义务。我从内心深处觉得国家正在做错事，假如我有机会改变，总要一试。"

斯卡利亚　那么杀害犹太人的德国人，我是说，以此为标准吗？你是否真的相信你所做的是好事？你有义务使自己的良知合乎正义。这就是问题所在。问题在于它是否真的正确，而非你是否认为它正确。我相信希特勒是非常真诚的。

卡尔布　但"正确"这个概念是指按照既定的法律是正确的吗？

斯卡利亚　好吧，根据你的说法，正确的依据是……

卡尔布　一些道德判断。

斯卡利亚　　对，根据十诫。

卡尔布　　好吧，好吧。

金斯伯格　　但我们应该注意到以前有人提到过仇恨言论。多年前，有一个案例涉及伊利诺伊州的斯科基镇，那里居住着许多大屠杀幸存者，美国纳粹党决定选择该镇进行示威游行。此案件从未提交美国最高法院，但其他联邦法院表示，示威活动将是和平的，有警察保护，预计不会发生任何暴力事件。这个团体想要游行，我们虽然厌恶他们的口号，但他们有言论表达的自由。

斯卡利亚　　但这并不意味着他们这样行为和言语是对的。当有人发表令人憎恶的无耻言论时，我很恼火。有人或媒体会说："他只是在行使第一修正案赋予的权利。"第一修正案的权利就像肌肉：你用得越多越好，而使用的目的并不重要。我的意思是，你可以使用宪法第一修正案赋予的权利，但错误地使用是令人不齿的。我会捍卫你使用它的权利，但不会捍卫你使用它的方式的正当性，因为这可能是非常错误的。

金斯伯格　　斯卡利亚大法官在焚烧国旗案中的判决受到一些人的赞扬和另一些人的批评。我猜你认为这种行为本身应该受到谴责。

斯卡利亚　　如果我是国王，会把那家伙送进监狱的。（笑）

卡尔布　　　但根据您的裁决，他有权焚烧国旗。

斯卡利亚　　是的，这就是第一修正案的内涵。你有权利表达对政府的蔑视。焚烧一个对许多人来说意义重大的象征物并不意味着这种行为值得鼓励，但他有权利这样做。

卡尔布　　　斯卡利亚大法官，最近在布鲁克林的一次活动中，有人引述您的话说，最高法院不应该决定国家安全问题，又说您认为"最高法院对威胁的性质和程度一无所知"……

斯卡利亚　　"一无所知"，我会说这样的话吗？（笑）

卡尔布　　　他们引述您的话是"这真是太愚蠢了"，接着又说，"我的法庭会做出最后的裁决"。首先，您说过这话吗？

斯卡利亚　　可能吧。我当然相信！（笑）

金斯伯格　　我想我们别无选择。当下法院并没决定选择这个领域，也还没把这个问题理顺。有不少申请要求法院复审的案子。如果政府认为有人违反了某项法律，而另一方说："不，政府不能这样做，不能进行那样的监视。"当案件发生时，我们不能逃避说："嗯，我们对这个问题不太了解，所以做不了裁决。"

斯卡利亚　　你知道我在说什么，这与第四修正案有关，而不是第五修正案。第四修正案禁止无理搜查和扣押。我所在的法院第一次审理涉及窃听的案件时,认为第四修正案的内容是"人民的人身、房屋、证件和财物,即所有财产,应得到安全保障,免受无理搜查和非法扣押"。法院很恰当地提到,"谈话不算人身、房屋、证件和财物"。窃听可能是一件非常糟糕的事情,各州可能有法律禁止,但这并不违反联邦宪法,对吧?

大约20年后,在沃伦法院[1]时期,我们做了180度的大转弯,认为宪法中包含的模糊的隐私权暗含对话。这就是"活宪法":改变文本的内容和原义。我喜欢布鲁克林,我在那儿指出这一后果,就是现在政府机构将决定国家安全局关于通过窃听可以获取哪些信息这一极其重要的问题。而对此裁定的机构毫无疑问是最没有资格的,那就是我们法院。这是一个平衡紧急情况和侵犯的问题。当紧急程度足够高,就可以有更强的侵犯。这就是为什么我们登机时都会被搜身。这是一种可怕的侵犯——(金斯伯格想插话)——请让我说完。

我们对风险的程度一无所知。但是领导层知道,国会知道。我们什么都不知道。最后却要我们做出裁决。

金斯伯格 那么,当案件提交给我们时,该怎么做?在你回答

---

[1] 指尼尔·沃伦任首席大法官时期的美国最高法院,沃伦任期为1953年至1969年。

这个问题之前，我想提醒大家，在窃听案中，认为窃听也是一种合理的搜集或攫取信息的观点，布兰代斯大法官持非常强烈的反对意见。如果我在法庭上，我会投赞成票。

我想知道斯卡利亚法官是如何将政府的这种侵犯与您在热量排放案中做出的判决区分开来的。现在，直升机飞过屋顶来测试热量水平，因为如果热量达到一定程度，也许是因为大麻植物在生长。直升机从未碰过屋顶。但你说，这违反了宪法第四修正案。

斯卡利亚　因为人们遭受不合理的搜查，导致他们在自己家里的安全受到威胁。我想说，这是第四修正案对某种设施施加保护的典型案例。

金斯伯格　所以你可以在别人家里窃听？

斯卡利亚　是的，如果你必须闯入他们家窃听的话。但如果你在电话亭里窃听他们的谈话，哦（摆手），那就侵犯了他们的隐私权。这是宪法第四修正案所没有涵盖的。

金斯伯格　你再也不必担心。已经没有电话亭了。（笑）

斯卡利亚　没错，没错。

卡尔布　让我来提问……

斯卡利亚　但无论如何，我们已经摆脱了第五修正案，不是吗。

卡尔布　　　不，我对此依然坚持。
金斯伯格　　是第一修正案。
斯卡利亚　　哦，第一修正案，抱歉。

卡尔布　　　再说一下第四修正案。事先承认，我对此了解不多，我的问题是，被媒体或政府认为非常重要的数据存储在计算机或云端的某个地方，会被视为是一种财物吗？
斯卡利亚　　有可能！这很有见地。我也考虑过……

卡尔布　　　如果……
斯卡利亚　　我已经考虑过了……

卡尔布　　　谢谢您，先生……
斯卡利亚　　你会是个好律师……

卡尔布　　　但如果您考虑到这一点，美国政府不就无法证明其国家安全局监控计划的合理性，从而可能违反了宪法。
斯卡利亚　　不，因为它不是绝对的。正如鲁斯所说，很少有绝对的自由。你的人身受到宪法第四修正案的保护，但正如我指出的，当你登机安检时，有人可以通过他的手触碰你的身体。这是一种很糟糕的侵犯。但考虑到它所防范的危险，这并不是不合理的侵扰。

而获取这些被视为有效的数据也是如此。这就是为什么说让我们做出裁定是愚蠢的，因为我们不知道国安局的事情有多重大。

卡尔布　　但你们最高法院难道没有能力给白宫的人打电话，然后说："我有一个关于……的问题。"

金斯伯格　　绝对不行。

斯卡利亚　　绝对不行。（笑）我们只能任其摆布。如果他们不告诉我们，我们便无从知晓。

金斯伯格　　我们不能依据案件证据之外的东西做出裁定。当事人及其律师必须知晓一切，并且能够接触到我们将在决策中考虑的一切。你不知道有多少次我想打电话给某法学教授，一个最伟大的专家。

斯卡利亚　　例如，在税务案件中打电话给你的丈夫。

金斯伯格　　对。

斯卡利亚　　马丁是全国最好的税务律师之一。

金斯伯格　　但我们不能那样做。因为另一方当事人不在那，他们无法获得相同的信息。因此，我们被案件记录所束缚，法院不能诉诸当事人所不具备的信息。

卡尔布　　金斯伯格法官，我想问您和斯卡利亚法官同样的问题，关于数据，计算机中的存储，并将其与"财物"一词联系起来。如果这与"财物"联系在一起是合理的，那么从逻辑上说，政府的监控计划是否违反了宪法?

金斯伯格　可以提出这样的论点,但这个问题我们都无法回答。斯卡利亚法官可能认为我们根本不能回答。但我不这么认为,我觉得我们必须且乐意回答。但我们不会像你提的问题那样来看问题,马文。我们看的是一个具体的案例,而不是抽象的问题。财物显而易见,但政府能做些什么?

斯卡利亚　我来回答这个问题,鲁斯。这就是"人,房子、文件和财物"。这不是对话。

金斯伯格　但你不能抽象地回答这个问题。

斯卡利亚　哦,当然不是。当然不是。

卡尔布　我们能指望最高法院就国家安全局的问题做出裁决吗?

金斯伯格　这取决于是否有案件不是在最高法院而是在联邦地区法院审理。

卡尔布　好的,好的。

金斯伯格　然后去上诉法院。我们确实有一种奢望,那就是在其他优秀人才,比如联邦初审法院和上诉法院的法官做出裁定之前,我们不必做出判决。

斯卡利亚　我们的责任不是去改进行政部门,确保他们做应该做的事情,也不是去完善国会。我们的职责是防止人们受到伤害。如果没人受到伤害,我们就不介入此事。而即便有人如此，除非他主动寻求，否则我们没有任何权力去启动追责。不管谁想起诉或不起诉，我们都听之任之不能干预。很久以前，鲁斯和我曾访问过印度，那里的最高法院有一项权利法案，其中规定最高法院将确保维护权利法案中规定的自由。法院将其解释为，如果他们在周日坐在那里阅读《孟买时报》，他们就会看到警察局局长……

金斯伯格　　孟买。

斯卡利亚　　不，看，我（笑）不会说"Par-eeh"，也不会说"Veeen"，更不会说"孟买"。总之，他们坐在一起阅读《孟买时报》，看到旁遮普的警察局局长在没有指控的情况下拘留人们，这违反了宪法。法院将自行传唤警察局局长对此做出陈述和解释。而我们的法院不能这么做，绝对不行，除非有人提交申请，我们才能跟进。

卡尔布　　是因为一直以来都是这样，所以我们的法院不能这样做？还是有这方面的规定？

金斯伯格　　因为宪法将我们限制在实际案件和争议中。世界上有许多法院确实是通过回答抽象的、一般性的问题来运作的。宪法法院已经成立，法国有一个宪法委员会将预审一项法律。如果有一定数量的代表质疑该法案与宪法的一致性，委员会将审查该法案。他们不面对实际案例，而只是看法案的文字来决定它是否符合宪法。如果委员会认为它不符合，那么该法案就永远不会被颁布。但这种司法预审对我们来说是陌生的。

卡尔布　我们来谈下最高法院的电视听证会。
斯卡利亚　（摆动双手）哦。
金斯伯格　（笑）

卡尔布　其他法院允许上电视，为什么最高法院不行，斯卡利亚法官？

斯卡利亚　当我第一次来到最高法院时，我是赞成的。但我早已改变了我的看法。那些支持上电视的人觉得这样能教育美国人民。如果我真的认为电视有教育意义的话，我当然予以支持。事实上，如果民众完整观看了我们从木槌到木槌（从开庭到休庭）的全部过程，他们会受到教育。因为尽管我们偶尔会引入一些令人关注的案例，大家会逐渐意识到"是否应该有堕胎的权利""是否应该有自杀的权利"或者"是否应该有这样那样的权利"这些问题。

大多数时候，我们并没有反省自己的内心，没有从事这种广泛的哲学和伦理的探索，而是在实践法律。例如国内税收法、破产法、雇员退休收入保障法等这些非常枯燥的法律。（笑）再也没人会走过来对我说："斯卡利亚法官，您为什么要成为最高法院的律师？"因为他们觉得我们会仰望天空说："这项或那项权利应该存在。"当然，他们和我都可以这样幻想。问题是，从开庭到休庭过程中每一个关注我们的人，会有一万人在晚间新闻中观看 15 秒或 30 秒的节录，我保证这不是我们教育的特点。这将是人咬狗。

那么，我为什么要参与对美国人民的错误教育呢？

卡尔布　（对金斯伯格）您的感受如何？

金斯伯格　还有一个因素。如果你在电视上观看一场审判，那么一切都在镜头前展开。当你来到我们的内庭，处理一个上诉案件，因为周一开始开庭，你会看到一车又一车的辩护状。法庭上的口头辩论转瞬即逝，每方只有 30 分钟。我们不知道要花多少时间准备，阅读案件在送达最高法院之前的情况，阅读各方提交的案情摘要，以及许多就各方眼中的重要问题发表意见的法庭之友。

因此，认为上诉辩论是律师之间的一场较量、胜者为王的观点，实际上是对上诉过程完全错误的描述。

卡尔布　所以，您和大法官斯卡利亚一样，反对电视转播。

金斯伯格　我认为反对是不可避免的，因为这会对审判造成很大的压力，其他法院也是一样的。但我很担心对上诉的错误描述，书面陈述的部分比法庭上的总时长重要得多。

卡尔布　　　在剩下的几分钟里，我想问个问题。你们成为好朋友已经有段时间了，但你们是什么时候认识的，又在什么情况下？

金斯伯格　　我打赌他不知道。（笑）

斯卡利亚　　说吧，鲁斯。继续。

卡尔布　　　你们怎么相识的？

金斯伯格　　我们是哥伦比亚特区联邦巡回上诉法院的好朋友。

卡尔布　　　你们就是在那个时候认识的？

金斯伯格　　我第一次见到尼诺是在他为美国律师协会某个部门做演讲的时候。大概是行政法部分吧，内容是讲哥伦比亚特区联邦巡回上诉法院最近判决的案件。那是在我们到那儿之前，是关于……

斯卡利亚　　抱歉，我们都是学者。

金斯伯格　　对，是关于佛蒙特州扬基队的案件。而你的反对是徒劳的。

斯卡利亚　　糟糕的决定。

金斯伯格　　我在认真听他讲话，不过他说的很多内容我都不太同意，虽然我觉得他说得很有吸引力。（笑）

斯卡利亚　　（笑）

卡尔布　　　我想我们得结束了。很棒的观点。正如你们所知，今晚与我们在一起的作曲家德里克·王创作了这部名为"斯卡利亚／金斯伯格"的歌剧，伴随着美妙的音乐，你们都被锁在一个房间里，我知道，除非你们达成一个符合宪法的妥协方案，否则都出不去。斯卡利亚一度绝望地吼道："哦，鲁斯，你识字吗？你明明知道宪法条文，却骄傲地宣称无法理解其真正含义。宪法对此只字未提。"接着，金斯伯格回答道："亲爱的斯卡利亚法官先生，我得告诉你多少次，你在徒劳地寻找一个明确的解决方案。但我们宪法的美妙之处在于，就像我们的社会一样，它可以进化。"我们只剩下一分钟左右的时间了：你俩会在重大问题上达成一致吗？还能维持友谊吗？

斯卡利亚　　我们在很多事情上意见一致。鲁斯下意识做出的反应真的很糟糕。（笑）她是一个非常好的文本主义者，在那些以文本为指导的事情上表现得非常出色。她显然非常聪明，大多数情况下，我们的想法是一致的。我认为，我们在很多刑事辩护案件上都会共同维护刑事被告的权利。但鲁斯和我经常对法院的裁决结果持不同意见。

所以，你错了。我们在很多方面都意见一致。

卡尔布　　　我一直看到 5∶4 的裁决。
金斯伯格　　这是大多数……

卡尔布　　　你在这边,她在另一边。

金斯伯格　　那是因为媒体关注的是 20% 到 25% 令人兴奋的案件,即宪法案件。我们正在做的大部分事情……

斯卡利亚　　涉及实际财产的法律。

金斯伯格　　例如试图解释国会通过的无数法规,这些法规很难解析,而且在这些案件中,并不存在媒体所期待的在最受关注案件中看到的辩论阵容。因此我们在许多程序案件上意见一致,但当然也有例外。你去年就搞错了一个。(斯卡利亚和金斯伯格笑)我还是说点别的。我们都在乎观点是如何产生的,表达意见不是件容易的事。而且我认为,你非常在意别人的表达方式,我也是如此。当然,我们的表达方式大相径庭。

斯卡利亚　　我们在哥伦比亚特区联邦巡回上诉法院成为好朋友的一个原因是,我们都曾是学者。我猜哈里·爱德华兹是法庭上的另一位学者。但在学术界,在法学院,当你写了一篇法律评论文章时,你会给同事看,然后他们会发表一些很有用的评论,而不仅仅指出"这里有点错误"。但你知道,"你也可以附加意见"。鲁斯和我是互相征求意见的,她会提出一些我可以接受并补充的意见,我也会为她提出建议,但我们不会这样对待别人。

卡尔布　　　我真希望我们能继续,但时间到了,很遗憾。我要感谢我们热情、专注的观众,感谢全国乃至全世界的观众。但最重要的是,要感谢我们杰出的嘉宾,美国最高法院的两位现任大法官,安东宁·斯卡利亚和鲁斯·巴德·金斯伯格。非常感谢两位。

当时是周一,我申请了临时禁制令要求立即停止哥伦比亚大学的举动。

CINEMA CAFE WITH
RUTH BADER GINSBURG & NINA TOTENBERG

鲁斯·巴德·金斯伯格和妮娜·托滕贝格于电影院咖啡馆

采访者
妮娜·托滕贝格

圣丹斯电影节,犹他州帕克城,2018 年 1 月 21 日

罗伯特·雷德福 大家好。我很荣幸介绍我们今天的嘉宾：大法官鲁斯·巴德·金斯伯格。（掌声）这对我来说是一种荣誉，尤其是因为我对她的敬仰由来已久。今天也很荣幸能够和她在一起，欢迎她来到我们的电影节，她的到来提高了我们电影节的质量，所以我很高兴向大家介绍她。我想说，我们有很多理由来赞美和敬仰她。如果把她所有的特质都罗列出来，这会需要花相当长的时间，不过我还是想说一部分。事实上，她出生于贫困之中，近乎贫困，却从社会底层拾级而上，在一个由男性主导的法律世界里，作为一名崛起的女性，不断晋升，最终成为最高法院的大法官。学习她为正义和平等而战的品质，我想不出还有什么比能够介绍一位令我如此钦佩的人更大的荣幸了——最高法院大法官鲁斯·巴德·金斯伯格。

约翰·内因 欢迎来到电影院咖啡厅。我叫约翰·内因，是电影节的高级策划人。非常感谢今天的嘉宾。我认为这显然成了电影节的一大亮点，这么说是因为在为期十天的电影节中，很多焦点都集中在电影和新作品的放映上。从我们的角度来看，这些电影也会引发讨论，我们一直把电影节视为一个集思想和互动交流的地方，一个让我们面对所看到的作品，并在某种程度上思考作品和我们社会生活的关系，所以我们很高兴能主办这次对话。要感谢我们的主持人，妮娜·托滕贝格。（掌声）妮娜·托滕贝格,我们中许多人是从她每周在美国国家公共广播电台的声音中认识她的。而那些精选的少数人把我们的东西放在"妮娜·托滕包"里。非常感谢妮娜,也感谢金斯伯格法官。谢谢大家的到来。

托滕贝格　　我很高兴能和金斯伯格大法官在一起。她也许是最高法院最知名的法官,尽管她的体重比他们所有人都轻,甚至比一般女性要轻 40 磅[1]左右。甚至在成为第二位在美国最高法院任职的女性之前,鲁斯·金斯伯格就已经改变了美国女性的世界。

自 1980 年首次被司法任命的十多年里,她一直领导着法院争取性别平等的斗争。当开始她的法律征途时,女性*在法律上*受到与男性不同的待遇。成千上万的州和联邦法律对男女区别对待。他们限制女性的行为,剥夺她们的工作和权利,甚至陪审团的职责。然而,当她第一次穿上司法长袍时,她已经进行了一场革命。那么,让我们从当今女性世界发生的事情谈起。您是妇女权利法律斗争的缔造者。今天的问题既相同又不同。不同的是,性骚扰作为首要和核心问题:如何对待各种行为;什么是可以解雇的冒犯?什么是一种较轻的冒犯?罪犯能自我救赎吗?工作场所的同事是否可以约会,诸如

---

[1] 约合 18 千克。

此类。但我首先想知道的是，当您还是一名年轻女性，而不是法官或最高法院法官时，是否曾遭受过不当行为，又是如何处理的？

金斯伯格　答案是肯定的。我这个年代女性都知道什么是性骚扰，尽管我们还没有给它命名。请允许在讨论性骚扰之前，先介绍一下妮娜·托滕贝格。我想是在1971年，当时我在罗格斯大学法学院任教。妮娜打电话给我说："我想问你一个问题，这种平等保护与女性有什么关系？我认为第十四修正案的平等保护条款是关于种族的，它如何适用于女性？"那是我们的第一次谈话，从那以后我们一直是亲密的朋友。（掌声）

人们对性骚扰的态度很简单："忘了它吧，他们本性难移。"我只举一个例子。我在康奈尔大学进修一门化学课，因为我不确定自己在这一领域的能力，我的老师说："我要给你做个练习试卷。"于是他给我一份练习试卷回去做。第二天正式考试时，我发现内容就是昨天练习试卷里面的，我立马清楚他想要什么作为回报。这只是众多例子中的一个。类似这种事你不知道怎么办，法律也无从协助，直到一位名叫凯瑟琳·麦金农的年轻女性写了一本书，书名是《工作场所的性骚扰》。当时一家出版社邀请我作为评审就是否值得出版发表意见。这对我是个很大的启发。第一部分描述了就像我刚才提到的事件，接下来是如何利用 1964 年民权法案第七条——关于禁止基于种族、国籍、宗教和性别的歧视——作为阻止性骚扰的工具。这让人大开眼界，直到那时反对性骚扰才开始被关注。

托滕贝格　那么，为了回答这个问题，您对那位教授做了什么？是不是一直避开他？您怎么办？

金斯伯格　我去了他的办公室，我说："你真是大胆！你竟然敢这么做！"（掌声）事情就这样结束了。

托滕贝格　（笑）我想你那次考试考得不错吧！

金斯伯格　我故意犯了两个错误！（笑声）

托滕贝格　您觉得女性现在应该怎么做？我特意留了很多问题，因为它比人们乍一看想象的要复杂得多，我想知道您对"Me Too"运动的看法，以及是否可以给女性群体一些策略方面的建议。

金斯伯格　好吧，我认为是时候了。长期以来，女性一直保持沉默，认为对此无能为力。但现在法律是站在遭受骚扰的女性或男性这一边，这是一件好事。

托滕贝格　在电影行业，事实证明很多女性的收入不如男性，或者至少她们的经纪人不会要求她们获得和男性一样高的报酬。在您的职业生涯中有过几次，先是在罗格斯大学法学院，然后是在哥伦比亚大学，你发现自己和其他女性——还有一个保洁女工的案例——没有得到和男性同等的待遇。在前两个案例中你起诉了他们，在第三个例子中你威胁要——难道不担心他们会解雇你吗？

金斯伯格　和男性同工同酬……当我加入罗格斯大学法学院时，它是一所州立大学，院长是个非常和蔼的人，他说："鲁斯，你需要减薪。"我说："我理解。州立大学的薪水不那么高。"但当他告诉我削减的幅度时，我大吃一惊。于是我问："那么，你们付给某某多少薪酬？"那是一个和我差不多时间毕业的男人。院长回答："鲁斯，他有妻子和两个孩子要养活。你的丈夫在纽约有一份高薪工作！"就在《同工同酬法案》通过的那一年，我得到了答案。

罗格斯大学的女学生们没有小题大做。她们聚在一起，提出了《同工同酬法》的申诉，甚至连"第七条"都没提，只是直接的同工同酬。这起诉讼是在1964年提起的，后来大学以最低涨幅为6 000美元解决了这一纠纷，这在当时是不少钱。当我来到哥伦比亚大学时，遇到的一个问题是关于教职员工的，因为校方没有给出具体的工资金额。我是法学院在大学参议院的代表，首先要了解的就是这些数字。后来一了解到，我们的案子就赢了。

保洁女工和勤杂工的情况是，我在哥伦比亚大学期间,那是,哪一年,对,1972年,一位我很熟悉的女权主义者找到我,说哥伦比亚大学刚刚向后勤部门的25名女性员工发出了裁员通知,但没有裁掉任何男性。然后她对我说:"你打算怎么做?"于是我去找负责后勤的副校长,告诉他学校违反了"第七条"的规定,他说:"金斯伯格教授,哥伦比亚大学有优秀的华尔街律师代表校方,你要跟他们喝杯茶吗?"

当时是周一,我申请了临时禁制令要求立即停止哥伦比亚大学的举动。女权主义者在哥伦比亚大学召开了一个会议,贝拉·艾布扎格、格洛丽亚·斯泰纳姆、苏珊·桑塔格都参加了。我认为这给平等就业机会委员会留下了深刻印象,因为他们派出了首席法律顾问来支持这项临时禁令。

我们周一早上来到法院。哥伦比亚大学给出的借口之一是——工会希望有不同的资质等级,这样我们就有了勤杂工和保洁女工两个等级,而在所有保洁女工都被解雇之前不会赶走勤杂工。于是校方说:"工会在合同中是坚持这一点的。"工会代表站在法庭上说:"我们不能遵守违反'第七条'的合同。"所以工会站在保洁女工这边,而哥伦比亚大学则孤立无援。

当然临时禁令颁布了,但最令人振奋的是那些被归类为保洁女工的女性。这些女性并不在乎她们的工资低，她们对此早有预期，她们要的是有份工作，如此可以不必靠救济金生活。在诉讼过程中，这些女性的自尊心得到了提升，其中两名最终成为工会代表，这也是保洁女工和勤杂工争端中最令人振奋的事情。
当哥伦比亚大学败诉、初步禁令下达后，他们决定不解雇任何人。可以通过自然减员来解决人数过剩的问题，即不再雇用替补人员接替离职的员工。因此，当他们不得不在解雇一名女性之前解雇十名男性时，找到了一种避免裁掉任何人的方法。

托滕贝格　毫无疑问，在所有这些情形下，谁是反对派的中坚力量？法律上的中坚力量？那就是你，那么他们为什么没有解雇你呢？

金斯伯格　我在法学院的团队都非常支持我，校方也因此知道我是碰不得的。即便他们不同意我的一些做法，学院的同事们总是站在我的身后。我们唯一一次有过的严重分歧是在养老金的案件上。在那个年代，女性退休后每月领取的养老金比男性少……

托滕贝格　呃，因为她们活得更久。

金斯伯格　对，所以在数额上其实是相等的。"第七条"的主旨就是不能把人混为一谈。女性的平均寿命确实比男性长，但有些女性英年早逝，有些男人活过100岁，是不是？

托滕贝格	那他们是怎么处理的呢?会为此生您的气吗?
金斯伯格	是的,他们担心退休后每月领取的养老金会比原来少。

托滕贝格	您是否担心"Me Too"运动会造成一种对女性的反挫?
金斯伯格	让我们拭目以待。到目前为止,一切都很好。对了,还有一本书,那个作者叫什么来着,就是写《反挫》一书的作者……

托滕贝格	苏珊·法露迪。
金斯伯格	对,法露迪。但当我看到各个地方的女性人数都在增加时,我不再像20年前那样担心反挫了。

托滕贝格	我们现在在圣丹斯,一种艺术形式的中心,所以我想问您:是否还记得真正喜欢的第一部电影?在过去几年里有没有哪部电影是您真正喜欢的?
金斯伯格	唔,第一部电影,这个容易回答。是《乱世佳人》。我不知道如今看这部电影是否依旧会喜欢,但我至少看了五遍。

托滕贝格	现在呢?
金斯伯格	很难选出一部电影。当然,好吧,我就说最近看的两部电影。我很少有机会去看电影,但其中一部是

《三块广告牌》,一部很棒的电影。另一部是《请以你的名字呼唤我》,那是一部画面极其美丽的电影。我必须找出它是在意大利的哪个地方拍摄的!

托滕贝格　在座有些人可能不知道您对歌剧等艺术形式的热爱。您曾经告诉我,如果可能,您想成为一位歌剧天后,结果为什么不是呢?

金斯伯格　因为我的歌唱水平有限!(笑)但在我的梦里,会反复出现一个梦。我在大都会歌剧院的舞台上,正准备唱《托斯卡》,然后我意识到自己是个五音不全的人!

托滕贝格　是什么让您对歌剧和音乐如此着迷,以至于在华盛顿的晚上,我猜一周至少一到两次,您会去看歌剧、听交响乐或者看其他音乐演出?

金斯伯格　最近,就在本周三的晚上,我参加了一部名为《证明》的新歌剧的彩排。

我11岁时就迷上了歌剧。那时我还在布鲁克林上小学,姑姑带我去看了一场儿童演出,作为第一部歌剧是不可能选这个看的。歌剧名是《歌女乔康达》。这是浓缩成一个小时的歌剧。有戏服,有光秃秃的舞台,还有一位旁白员,他也是儿童管弦乐队的指挥,名字叫迪安·狄克逊。那一年是1944年。

迪安·狄克逊在1940年代末离开美国,并说过在他从事指挥表演的全部时间里，从来没有人称他为指挥大师。为什么？因为他是非裔美国人。于是他去了欧洲，成为那里各大交响乐团的宠儿。后来结了婚，大约20年后，在1960年代末以访问的名义回到美国。全国各大交响乐团都请他担任客座指挥。这说明了我国从1940年代中期到1960年代末的巨大变化。

总之，我在11岁就迷上了歌剧，开始参加在纽约市中心的排练。

托滕贝格	音乐对您有什么作用？
金斯伯格	有何作用？音乐是何等的美妙？它让我从眼前的烦恼中解脱出来，摆脱了对如何写判决书才能让大众理解的担忧。它令人陶醉。我倾向于在法院的办公室里听音乐，可以是碟片或者是华盛顿哥伦比亚特区的一个古典音乐电台。有时候我不得不关掉它，因为我必须格外认真地思考，不能有任何分心。
托滕贝格	要知道，如果走进大法官的办公室，我想在座的任何一位都会非常惊讶。最高法院的法官们可以从国家美术馆获得任何他们想要的艺术品，除了国家美术馆墙上没有的。因此，他们可以说，"我想要这个或那个"，然后这些艺术品就可以借给他们，直到国家美术馆因为展览或类似活动而取回它们。大

部分都是相当传统的艺术品。你走进她的房间，看到的都是非常现代的艺术品。您喜欢现代艺术的哪一点？

金斯伯格　首先，我的同事主要有两大喜好。一种是肖像画，对那些已经去世很久的人的肖像画。（笑声）另一种是室外风景。不仅仅是来自国家美术馆，我只有两幅画来自国家美术馆，还有五幅来自美国艺术博物馆的画作。我可以到美术馆楼下的画廊去参观他们收藏的大量马克·罗斯科的作品。你很难认出我那儿哪些画是马克·罗斯科的，因为他的风格变化太大了。我从美国艺术博物馆得到的五幅画来自一个叫弗罗斯特的收藏。这是一组在大约1933年到1945年公共事业振兴署（WPA）时期美国画家的作品。我有其中的五幅，还有一幅来自赫什霍恩博物馆。

托滕贝格　今天在这里首映的关于您的电影，我想问您一点关于这方面的情况。目前，我们俩都没看过，也不好讨论电影的内容。所以想问问您被摄像机跟拍的过程。虽然您已经习惯了公开露面，甚至是公开采访，但您对这种形式的感受如何？您会特意穿着或打扮吗？

金斯伯格　我为了上镜特别穿着打扮？不。（笑）我觉得贝琪和朱莉想让我保持原样，你会在电影中看到的。正如妮娜说的，我们都还没看过，但我也非常期待。

托滕贝格	我知道摄制组给您播放了一段自己在《周六夜现场》上的视频,您的孩子告诉他们说您也还未曾看过。但您觉得在《周六夜现场》中自己的形象如何?
金斯伯格	我喜欢扮演我的那位女演员。
托滕贝格	应该叫凯特·麦金农。
金斯伯格	是的,有时我想(用鼻音)对我的同事们说"金兹伯格"。
托滕贝格	这令我想到一些情景。您在84岁的高龄依然目光如炬、健步如飞,美国的每一位自由主义者都准备在您面前抛头颅洒热血。(掌声)您是摇滚明星,流行歌曲、T恤、马克杯上都有您的形象,成为爆款,您是"臭名昭著的RBG"。这对您来说一定很有趣,但您觉得您的同事们会作何感想?
金斯伯格	他们明智地对"臭名昭著的RBG"保持沉默。
托滕贝格	那让我回到您还不是摇滚明星的时候,您在康奈尔大学读本科,遇到了未来的丈夫马丁·金斯伯格。那时候,康奈尔大学的男生远远多于女生。不知道马丁给您什么印象,他的哪一点吸引了您?
金斯伯格	首先,康奈尔大学的男性人数超过女性:当时男女比例是4∶1。所以对于有女儿的父母来说,这是一所理想的学校,因为如果你不能在康奈尔找到伴

侣，你就没戏了。（笑声）

我和马丁结婚56年，他的非凡之处在于，他很欣赏我的理念和才华。在此之前，没有人在意我的想法，所以马丁对我来说非常出人意料。在我的一生中，如果不是他，我今天肯定不会站在这里，因为他令我觉得自己比想象中要更好。

在我进入法学院的最初几个星期里，很担心自己能否继续下去。马丁告诉我，他比我大一届，随即告诉了他所有的朋友："我妻子的文章将出现在法学评论期刊上。"他就是这样的人。

他很有幽默感，另一个非常重要的优点是，他是一位很出色的厨师。他说自己的厨艺要归功于两个女人：首先是他的母亲，然后是他的妻子。也许可能他冤枉了他妈妈，但对我的评价肯定是对的。现在，在最高法院的礼品店里，有一本名为《最高厨师》的书，这位最高厨师就是马丁·金斯伯格。马丁去世时，我同事的爱人们认为对他最好的悼念就是收集他的食谱。

托滕贝格 马丁·金斯伯格是一位伟大的美食厨师。他不仅是一位出色的厨师——他真的很了不起——同时是国内顶尖的税务专家之一，也是最风趣的人之一。

你们是哈佛法学院的同学，他比你高一届，而你是500多名学生中的9名女生之一。又上过法学评论刊物，还有一个 14 个月大的女儿。随后马丁被诊断出患有睾丸癌，医生对他采取的疗法就是大量的放射治疗。他病得很重……

金斯伯格　　进行过一次大型手术。

托滕贝格　　大型手术和放射治疗，他病得很重。那段时间你是怎么熬过来的？有没有特别安排日常生活？

金斯伯格　　那段时间主要是靠我们的同学帮忙度过的。哈佛法学院同仁之间的竞争当然极度激烈，但我们的经历却截然不同，有很多同学在我们身边给予帮助和支持，从而度过了那段非常艰难的时期。

马丁日常的放射治疗属于大规模放疗，当时还没有化疗。因此他做完之后回到家就非常难受，倒头就睡，半夜左右起床。到两点左右，又睡着了，而且他得在半夜到凌晨两点这两个小时之间吃一天想吃的东西。我的日常作息是，每天要去上课，并为他所有的课都找了做笔记的人。他住院的时候我每天要去麻省总医院，然后回家，喂饱女儿，等她睡着后，我在那段时间里尽我所能地学习。马丁会起床，吃一些我做得不太美味的汉堡，接着又回去看书。所以我学会了靠很少的睡眠度日，每晚只睡两个小时。这就是我们的日常生活，我必须这么说，那个学期马丁只上了两周的课，却拿到了有史以来的最高分，他的成绩几近班上第一。那是因为他有世界上最好的导师，他的同学为他做笔记，然后到医院给他补习，接着又回家给他辅导。

托滕贝格 所以当他毕业后，在纽约找到了一份好工作。你也一起搬去了纽约，最后一年去了哥伦比亚大学。你以全班并列第一的成绩毕业。有很多人推荐你去做书记员，但很多法官甚至连面试机会也不会给你。确实，包括最高法院的法官也不会。那你最后是怎么得到书记员的工作呢？

金斯伯格 我在哥伦比亚大学法学院有一位导师，名叫杰拉尔德·冈瑟，后来去了斯坦福大学。他负责为哥伦比亚大学法学院的学生找书记员工作，决心为我争取到书记员职位。他把精力集中在纽约南区的一名初级法院法官的身上，这名法官毕业于哥伦比亚学院和哥伦比亚大学法学院。他所有的书记员都来自哥伦比亚。

杰拉尔德推荐我的时候，面试的法官犹豫了。他说他已经有了一位不错的女书记员。特别当他得知我有个4岁的孩子，他比较担心我无法胜任这份工作。因为当他需要我的时候，如果我的孩子生病就要去照顾她，这就会导致我无法全身心投入工作。于是冈瑟教授向法官提出了一个建议，他说："如果你给她一个机会试试，若她不适合，我会安排班上一个原本想去华尔街的年轻人接手。"这是给他根胡萝卜。而那根大棒是："如果你不给她机会，我再也不会向你推荐哥伦比亚的学生了。"这个事情其实我一直都不知道。我一直以为这个法官雇我是因为他有两个女儿，也会更有同理心地希望女性在这个社会上能被善待。后来，杰拉尔德在《夏威夷法律杂志》上发表了一篇评论，我才知道自己是如何得到第一份工作的。

这就是我那个时代的女性所面临的挑战。迈出第一步，找到第一份工作。一旦得到了那份工作，做得至少会跟男性一样出色，有些情况下甚至比他们更好。但最大的困难就是第一份工作非常难找到。

托滕贝格 那就讲讲你和你家法官同乘一辆车的事吧，当时车上还有另一名法官，那位曾经拒绝聘用您的大名鼎鼎的勒恩德·汉德。

金斯伯格 勒恩德·汉德是有史以来最伟大的联邦法官之一。他才华横溢，我家的法官就住在汉德法官家附近，汉德也是个八旬老人了，他就会经常开车送他。我家法官也会开车送帕尔米耶里法官去法院，下班的时候接他回来。如果我来得及完成工作，也会坐在车后面看着他们驶向市中心。我很乐意听这位伟大人物畅所欲言，唱俏皮有趣粗俗的歌。（笑）我对他说："你不高兴雇我当书记员，但你在车里跟我滔滔不绝地讲话，你说的这些就连我妈都没有教过我。"他说:"年轻的女士,我可没看你。"他那个年龄的男人被告知,和女人说话时一定要注意自己的言辞。

托滕贝格　你当时在后座,所以他没看你,所以你隐形了。(笑)我会把您职业生涯的故事留给电影,因为我们交谈的时间不够用。但最终你在美国公民自由联盟成立了妇女项目,同时你在哥伦比亚大学任教,在全国各地参加庭审,并在最高法院辩论案件。您有两个孩子,我经常希望您跟那些努力平衡生活的年轻女性分享您的故事,比如关于您儿子詹姆斯在学校的故事。

金斯伯格　我的儿子詹姆斯,他是一个非常优秀的人,他在做世界上最棒的古典音乐CD。芝加哥古典唱片基金会。这个孩子被老师认为"过度活跃",但我觉得是"活泼"。校长、学校心理医生或班主任会打电话叫我立即了解一下儿子的恶作剧。有一天,我在哥伦比亚大学法学院的办公室通宵达旦地写辩护状。突然电话铃声又响起,我回答说:"这个孩子有两个监护人,请轮流给我们打电话,现在轮到他父亲了。"于是我的丈夫马丁去了学校,面对三张铁青的脸:校长、班主任、心理学家,他被告知:"你儿子偷乘了电梯。"那种手动操作的电梯。趁着电梯操作员出去抽烟的空隙,我儿子的同学问他有没有胆量带幼儿园的孩子们乘电梯去顶层。

当马丁得知我儿子的严重违规行为时,他的反应是:"他偷了电梯,能带多远呢?"不知道是不是马丁的幽默感,还是我怀疑学校因为不想影响男性的工作而毫不犹豫地通知其母亲出面。虽然我儿子的行为并没很快改变,可后来每个学期只会接到一次电话。原因是要求一位男性从工作中抽出时间来学校之前他们必须深思熟虑。(掌声)

托滕贝格　您在法庭上的好友之一是斯卡利亚大法官,您和他的意见分歧很大,却是非常亲密的朋友,人们往往很难理解这一点。这个所谓最高法院的原旨主义、文本主义或保守主义的象征和你是如此亲密的朋友。是什么让你们成为如此亲密的朋友?他说过对你"有什么可以不喜欢的"?你确实在很多方面都欣赏他。他身上的哪些特质吸引你?

金斯伯格　首要的就是他的幽默感。我第一次听到斯卡利亚教授的演讲是在华盛顿特区的一个律师代表大会上。他的很多观点我并不认同,但我被他说话的方式所吸引。当我们是哥伦比亚特区巡回上诉法院的好朋友时,当时只有三位法官,安东宁会俯身说一些让我开怀大笑的话,我常常狠狠地掐自己,竭力不让自己笑出声来。他真是很有幽默感。我们都非常关心家庭,都热爱美妙的音乐,尤其是歌剧。

托滕贝格　您描述了会在电影中看到的一个案子,就是弗吉尼亚军事学院的案子,包括您和斯卡利亚大法官的互动。因为他持反对意见,我想他是唯一的持不同意见者。请描述一下这个事情好吗?

金斯伯格　他确实是唯一的反对者,因为托马斯大法官的儿子也是(弗吉尼亚军事学院案)当事人之一,所以他没有参与案件。于是,安东宁成了唯一的异议者。我已经给大家传阅过我的判决意见书。我想在座某些对此案略知一二的人,可以证实一下。我们是在4月初发布的判决书对吧?我们也有等待异议。当时我正要去乔治湖参加巡回司法会议,斯卡利亚大法官走进我的办公室,把一沓纸扔到我的桌子上,说:"鲁斯,这是我对弗吉尼亚军事学院案异议的倒数第二份稿子。还没准备好发出去,但我想给你尽可能多的时间来回复。"

于是,我带着这份草稿坐飞机去了奥尔巴尼。会议在乔治湖举行。他彻底毁了我的周末,但很高兴有额外的时间来回复他。我想我们大概修改了十五六份草稿,就像一场乒乓球赛。斯卡利亚会说这样的话——比如我提到弗吉尼亚大学终于在1970—1971年录取女性,我把学校称为弗吉尼亚大学夏洛茨维尔分校——他反驳说:"没有弗吉尼亚大学夏洛茨维尔分校,只有弗吉尼亚大学。"用不太恰当的话来解释,一个来自布鲁克林的孩子犯这样的错误是可以理解的,因为她知道纽约城市大学在布法罗。不管怎样,在那场辩论中,我最终证明自己是对的,是吧?弗吉尼亚军事学院如今正蓬勃发展。

托滕贝格 没错。我强烈建议你们都来这里观看这部电影,如果不行,也可以在剧场或有线电视新闻网(CNN)上看。我认识鲁斯·巴德·金斯伯格已经40多年了。你们能看到这位女士非常端庄,还很有幽默感。但可能不知道的是,她是一个非常伟大的人。当我的丈夫去世后,和现在的医生丈夫约会时,记得有一天我和金斯伯格法官走在大厅里,她搂着我要带我去一个地方,我说:"鲁斯,我开始和波士顿的一个医生约会了。"在我的记忆中,她不断晃脑袋,焦急地问:"细节!我想要所有的细节。"非常感谢金斯伯格法官。

我希望在我们的宪法中看到"平等权利修正案"。
我仍然希望国会能够重新启动这项修正案。

RUTH BADER GINSBURG IN HER OWN WORDS

鲁斯·巴德·金斯伯格用她自己的话来说

采访者
简·艾斯纳

《前进报》(*The Forward*)
华盛顿特区阿达斯以色列犹太教堂,2018 年 2 月 1 日

艾斯纳　谢谢大家。感谢大家来到阿达斯以色列。

能参加如此重要的活动，我和我的所有同事都感到非常激动和荣幸。在过去的几周里，我们请《前进报》的读者向我们提出他们对金斯伯格大法官的问题，反响非常热烈，我们收到了来自全国各地以及海外读者的来信。今晚，我将在我们的谈话中引用其中的一些问题，因为它们既精彩又有趣，有力地反映了美国人对美国最高法院，尤其是对这位美国最高法院大法官的真正兴趣。

首先我想说的是，金斯伯格法官要求我们不要讨论法院正在审理或可能审理的问题。

当然，我们也尊重这一点。令人高兴的是，还有很多其他话题可以讨论。金斯伯格大法官，我们的许多读者都对您的犹太生活和身份很感兴趣，想了解一下它是如何塑造您的司法生涯和人生观的。现在我们坐在这座美丽的圣殿里，这似乎是一个很好的开始。您在布鲁克林的一个家庭长大……好吧，让我们从布鲁克林听起，一个对宗教并不怎么虔诚却十分认同的家庭。您描述过您亲爱的母亲，会在星期五晚上点燃蜡烛。

> 我也听说您很喜欢与家人一起庆祝逾越节。您说过提那四个问题的环节是逾越节家宴最精彩的部分,我想知道为什么?

金斯伯格 一个孩子,年龄最小的那个,询问今晚的庆祝活动:"为什么逾越节之夜与其他夜晚不同?"然后逾越节家宴接下来的时间都被用来回答这个孩子的问题。

我认为这只是犹太人崇尚学习、希望孩子们接受良好教育的众多例证之一。

艾斯纳 几年前,您和霍茨布拉特拉比一起写了逾越节故事中的英雄和有远见的女性,我想知道当您还是个小女孩的时候就注意到这些了吗?还是您在后来的生活中才意识到女性在这个故事中的角色?

金斯伯格 劳伦[1]是这场探险的主要推动者。我想,在成长的过程中,我可能知道米利暗和摩西的母亲,法老的女儿,但我不知道接生婆希弗拉和普阿。在逾越节的家宴和《哈加达》中,没有女性的身影。

艾斯纳 是这样,所以您努力在这方面有所作为。我想您小时候也意识到您的局限性。男孩们可以进行成年礼,而女孩们却不能。您母亲受过非常严格的正统

---

[1] 劳伦·霍茨布拉特(Lauren Holtzblatt),阿达斯以色列的拉比。——原注

教育。我只是想知道，当女孩和妇女在宗教生活中几乎没有作用的时候，作为一个女孩的经历是怎样的？这对您有什么影响？是否激励了您？或者说您是否会想要改变一些事情？

金斯伯格 当然，我当然想改变它，我想举办一个盛大的成年礼派对，并得到所有的礼物。我和一个表哥一起长大，我们住在同一个家庭。两个姐姐结婚了，还有两个相差三个月大的兄弟。我们就像双胞胎一样。表哥参加了成年礼，还举办了一个盛大的聚会，收到好多礼物。对此我非常嫉妒。

艾斯纳 我读到过您曾追溯犹太人在最高法院的历史，不是从第一任大法官路易斯·布兰代斯开始的，而是从犹大·本杰明开始的。他是第一位获得美国最高法院席位的犹太人，但他拒绝了。事实上，他成了南方邦联的领袖。我想知道，您为什么从犹太人在最高法院的历史开始思考？

金斯伯格 我不认为本杰明在最高法院就任过。犹太人形态各异，环肥燕瘦。本杰明是一个非常有趣的人物，他确实受过正统派犹太教育。他是出于信仰而结婚的。他的故事耐人寻味。他在南方邦联中崭露头角。事实上，他之所以拒绝最高法院的任命，是因为他刚刚被路易斯安那州议会选为路易斯安那州参议员，那是在第十七修正案出台的前几天。因此，参议员是由州议会选出的，而不是直接投票选出的。

综合考虑，他认为参议员更适合他。也许他可能设想过，如果他在法院工作，用不了几年他就得辞职。

艾斯纳　　那么，我们有一个问题……

金斯伯格　　哦，我只是想多说一些关于他的事情：虽然他是南方邦联的领袖，但他是一个奴隶主，受到南方邦联高层的强烈反犹太主义的影响，他们称本杰明为加略人犹大。

艾斯纳　　的确是这样，我知道最近我们报道了一个关于邦联纪念碑的故事，因为人们对这些纪念碑有很多争议。尽管他是邦联的领导人，但实际上并没有人为他树碑立传。这可能就是因为你所说的，他在其他邦联领袖中受到的待遇。

金斯伯格　　新奥尔良的博物馆里确实举办了一些关于本杰明的大型展览。

艾斯纳　　您看过了吗？

金斯伯格　　是的。

艾斯纳　　哇。佐治亚州的读者迈克尔·罗森茨威格向我们提问。他想知道，作为一名律师、法学教授、女权主义者和最高法院法官，您的犹太身份对您一生的事业有何影响？

金斯伯格 也许应该说，我是在第二次世界大战的阴影下长大的。随着我们越来越多了解到犹太人在欧洲的遭遇，就有一种毫无理由被长期压迫的感觉，感觉自己是作为少数群体被排挤在外。这就会让你对外来者更同情，更加感同身受。

我想说，还有一个就是永不停止追求知识，才能以少数群体的身份在世世代代的仇恨和掠夺中顽强地幸存下来。

但是想想我自己的家庭，我父亲13岁时从俄罗斯来到这里，他从未在任何国家上过学。他去了（听不清）敖德萨郊外的犹太小镇。但我的母亲是她大家庭中第一个在美国出生的人。她是在我祖母来到这儿四个月后出生的，所以她是在旧大陆受孕，在新大陆出生的。在她俩的愿望中排在第一位的皆是希望我能接受良好的教育。

艾斯纳 您提到在二战和大屠杀的阴影下长大，我想知道这是否影响了您对人权和人权法的看法。

金斯伯格 当然有很大一部分原因是如此。你可能知道，大屠杀是终止美国种族隔离制度的开始。我们当时正与可憎的种族主义作斗争，而我们自己的军队，直到战争结束，都被种族严格隔离。那么，当我们与种族主义作斗争时，我们自己国家的种族隔离还能持续多久呢？

因此，我认为第二次世界大战是布朗诉托皮卡教育局案判决的主要推动力之一。

艾斯纳 所以您看到了这两者之间的联系，尤其是许多非裔美国士兵在战斗结束后，以二等公民的身份回到美国时所面临的问题。这真是有意思。

您作为一个犹太人现在不乏安全感。我们听到的那些优美的诗句很多和您办公室墙上的艺术品有关，还有门上的（犹太教）经文楣铭。我想知道，在您任职期间，法院是如何适应犹太传统的？您在那里的时候已经有所改变了吗？

金斯伯格 从阿贝·福塔斯到我被任命之前，已经有好几年没有犹太裔大法官了。在我任职很早期，最高法院的书记员苏特来见过我。他说，我很高兴你能来，因为你能帮我解决一个问题。最高法院允许律师加入最高法院律师协会，每年他们都会收到十几份甚至更多来自正统犹太教徒的投诉，上面写道："我们为成为最高法院律师协会的成员而感到自豪。但我们不能把证书裱起来挂在墙上，因为上面写着'我主某某年'，而他不是我们的主。"我跟行政领导谈过此事，他说会在会议上讨论这个问题。

一位我不便透露的同事说过："在我们主的哪一年，对布兰代斯、卡多佐、弗兰克福特，甚至戈德堡来说都已经够好了。"在他说到福塔斯之前,我说:"对金斯伯格来说还不够好。"

这个问题花了一段时间才搞定。首先,他们说,好吧,对于正统派犹太人,我们就说在某某年。于是他们也有些抱怨:"我们喜欢证书上关于美国独立的内容,所以请在证书上保留这个。"现在如果你想要得到最高法院律师协会成员的证书,你可以选择只写2018年这个年份或我主某某年,或者美国独立的第多少年。你可以选择你喜欢的方式,就是这样。

其次是关于赎罪日的大争论。神圣日通常情况下是在法院开庭之前,但有时也会重叠。因此,卡根大法官不在法院,布雷耶大法官和我询问首席大法官是否可以推迟开庭日期。他的第一个反应是:"我们在耶稣受难日开会,没有人会对此抱怨。"我表示:"我乐意在那周的周四出庭。"让他完全信服的理由是,在辩论会上不可避免地会有犹太律师,你想——这是他们在最高法院的重要日子。难道你想剥夺他们陈述案情的机会,要求他们找人替代吗?

这引发了共鸣,所以现在我们不在神圣日开庭了。

艾斯纳　又有位读者,来自马萨诸塞州剑桥市的杰西·伦佩尔,提出了一个非常有趣的问题。他指出,您曾经描述过以色列大法官阿哈龙·巴拉克的一项判决意见书，该判决禁止使用酷刑，即使在他们所谓的有定时炸弹的情况下也是如此。您表示这个判决具有巨大的令人信服的价值。作为一名美国犹太裔法学家，您对以色列最高法院的工作有什么特别的亲近感吗？

金斯伯格　我对阿哈龙·巴拉克的工作有着特殊的感情。他是当代最杰出的法学家之一。你知道以色列没有宪法，但有五项基本法。以色列最高法院拥有丰富的法律资源，他们有奥斯曼帝国的法律，有来自英国的遗产，也有犹太法律。你提到的案件，所谓的定时炸弹案，向以色列最高法院提出了这样一个问题：警方逮捕了一名嫌疑犯，他们认为他知道炸弹爆炸的时间和地点。

我们能否使用极端手段，即酷刑的委婉说法，来获取关于定时炸弹的信息？在时任以色列最高法院院长巴拉克撰写的一份非常雄辩的判决书中，答案是明确的。绝不能使用酷刑！判决书还解释说，尽管我们对安全的关切已经到了无以复加的地步，但我们不能变成敌人那样对待他，我们可以给他的就是人权。

艾斯纳　我们是否可以谈谈您的个人经历。您的姐姐，作为唯一的兄弟姐妹，在她 6 岁时就去世了，当时您还不到 2 岁。您敬爱的母亲在您高一的时候罹患癌症，并在毕业前两天不幸去世。我不知道这些经历对您支持妇女和女孩产生什么影响。尤其是您母亲给了您相当大的鼓励。您是否愿意向我们介绍一下这方面的情况。

金斯伯格　我的母亲是位非常聪明的女人。她强调两件事。一个是我应该成为淑女。她说的淑女并不是指穿着华丽，而是控制自己的情绪，不要向愤怒、悔恨、嫉妒低头，因为这些情绪只会削弱你的力量。这样才能继续前进。另一个事情就是要独立。

我想，她希望有一天我能遇到白马王子并嫁给他。尽管如此，她还是强调了我能自食其力的重要性。

艾斯纳　您确实嫁给了白马王子，马丁·金斯伯格，您的长期合作搭档。但在你们婚姻的早期，遇到了更多的逆境，他身患严重的癌症。您自己也与癌症抗争过两次。正如我们的一位读者所问，在如此艰难的情况下，您是如何坚持下来的？从哪里汲取力量？

金斯伯格　我认为最艰难的时刻是马丁罹患睾丸癌的时候。当时没有化疗，只有大型手术和致命的放射治疗。但总能熬过每一天。我们很感激，从未想过他能像现在这样活着。

当我罹患胰腺癌时，玛丽莲·霍恩也给了我同样的启发，她是一位伟大的女中音歌唱家。当她被诊断出患有胰腺癌，她的态度是：我要活下去。她现在仍然活得很好。

艾斯纳 哇，这太神奇了。现在我想谈谈您长期以来对性别平等的倡导，这一点令人钦佩。您曾在公开场合讨论过一些早期的案子，不知道今晚能否与我们的观众分享一下您最喜欢的一个案子？以及在这个新领域早期影响最大的一件事？

金斯伯格 好吧，在回答这个问题之前，有一件——在我那个年代，没有太多东西能激励年轻女性。只有《神探南茜》，仅此而已。但是，我读了一位非常年轻的女士写的文章，她写这本书的时候年仅15岁。如果我带着，想读给你们听。正如我所说，一个刚满15岁的年轻女孩写道：

> 有一个问题一直困扰着我，那就是为什么从古至今女性都被认为不如男性。说它不公平很容易，但这对我来说还不够。我想知道造成这种巨大不公的原因。据推测，男性从一开始就支配着女性，因为他们拥有更强的体力。男性挣钱谋生、生儿育女、为所欲为。直到最近，女性还在默默顺从这一切，这是多么愚蠢。但这种传统保持得越长，就越根深蒂固。幸运的是，教育、工作和进步开拓了女性的眼界。在许多国家，她们被赋予了平等的权利。许多人，主要是女性，但也有男性，现在意识

  到长期容忍这种状况是多么错误的事情。

这封信的署名是：你的，安妮·M.弗兰克。

这是她日记中的最后一部分。我想观众们都知道她1929年出生于荷兰。1945年，她于贝尔根－贝尔森集中营去世，离她16岁生日只差三个月。

一个孩子会写出这些内容，不觉得很神奇吗？

艾斯纳 是的。我很高兴你提出来，因为我觉得我们忽略了她在日记中写的这部分。

金斯伯格 谢谢。你问到了性别歧视诉讼。就好像在问，从我的四个孙子和两个继孙中选出一个最喜欢的。（笑声）但我认为，为了说明性别歧视的武断性，斯蒂芬·维森菲尔德的案子就是个好例子。斯蒂芬·维森菲尔德的故事是，他娶了一位在公立高中教书的女士，她的收入比他多一点。她怀孕后一直保持健康状态，任教到第九个月。

在医院，医生走进来告诉斯蒂芬，你生了个健康的男婴，但很遗憾，你的妻子死于血栓。斯蒂芬·维森菲尔德当即决定，他将亲自照顾婴儿，在孩子上全日制学校之前都不会全职工作。于是他听说社会福利可以提供儿童保育的补贴，便去了当地的社会保障局，表示想申请儿童保育福利。福利的安排是为了让你可以赚取一定金额的收入，但仍然可以享受资助。一旦超过这个数额，你的福利就会逐笔减少。

斯蒂芬认为，有了社会保障福利加上自己的兼职收入，就能勉强维持下去。但社保局的工作人员告诉他，这些是属于母亲的福利，父亲不能享受。那是在 1970 年代初期，斯蒂芬·维森菲尔德给新泽西爱迪生当地报纸的编辑写了一封信。

内容是这样的："最近我听到很多关于妇女解放的事情。让我告诉你我的故事。"然后他复述了发生在社会保障局的事情，并在标签行写道："格洛丽亚·斯泰纳姆知道这件事吗？"

当时我在罗格斯大学任教。跟一位在西班牙语系任教的女士住在同一个镇上，她读了这封信，并给斯蒂芬·维森菲尔德打了电话，建议他联系美国公民自由联盟在新泽西州的分部。

他的案子就是这样开始的。法院做出了一致的判决，但他们在理由上存在三种分歧。以布伦南大法官为首的大多数人认为，这是一个典型的对女性的歧视案例。保拉·维森菲尔德缴纳了与男性相同的社会保险税，但她的税款并没有为她的家庭带来与男性相同的福利。然后他们中的一些人认为，这是对男性作为父母的歧视。因为法律规定令其别无选择：你必须成为一个全职工作者并雇人照顾自己的孩子。后来成为我的首席法官的伦奎斯特大法官说："对年幼的孩子来说，这完全是武断的行为。为什么当孩子的父亲去世而不是母亲去世，那幸存的父母才有资格争取到政府资助呢?"所有人都会被这种武断的性别歧视所伤害。包括去世的女人,还有那个既是父亲又是母亲的男人和孩子。

艾斯纳　　我只是说,我觉得在这三个给出的回答中有一个很好的比喻,它表明性别平等实际上是针对男性、女性和儿童的。您是这样看的吗?

金斯伯格　非常正确,我想我们已经讨论过这个了。

艾斯纳　　大约在 1973 年,您全力支持"平等权利修正案",该修正案当时已获得国会参众两院通过,但从未得到足够多的州的批准导致其无法成为宪法的一部分。我在想,我们现在需要"平等权利修正案"吗,尤其是在"MeToo"运动的时刻?

金斯伯格　我首先要说明,宪法不是随便可以修改的。国会需要四分之三的州来批准法案,"平等权利法案"还差三个州的支持。人们会问我一个类似的问题,女性在第十四修正案的平等保护条款下是否取得了进步? 我的回答是,也许。

然后我拿出口袋里的宪法说:我有三个孙女。我可以拿着这部宪法,我们政府最根本的生活工具,并指出第一修正案保障言论、新闻和宗教自由。我希望他们能在《宪法》中看到男女公民地位平等的声明。这是我们制度的基本原则。自 1950 年以来，世界上的每一部宪法都有相当于"平等权利修正案"的内容，声明男女在尊严以及……我们的宪法开宗明义："我们合众国人民，为建立更加完善的联邦……"我认为，要成为一个更完善的联邦，很大程度上是要接纳越来越多的人。我想起了1787年宪法起草之初的情况。

那么，我们合众国人民是谁呢？我不可能在里面，我们中一半的人都不会在里面。那些被奴役的人、美国原住民，不属于政治选区的一部分。但是……两个多世纪以来，我认为宪法的伟大之处在于，"我们合众国人民"的概念变得越来越包容。因此，我希望在我们的宪法中看到"平等权利修正案"。我仍然希望国会能够重新启动这项修正案。

艾斯纳 您最近谈到了您自己的"MeToo"时刻，那是多年前的事了。我们的一位读者想知道，您今天是否仍在经历性别歧视？

金斯伯格 不是那种性别歧视！我马上就要85岁了，但是否有种挥之不去的偏见？我想在1970年代的十年间，大多数基于性别的明确区分已不复存在，这是立法机构的改变和法院发布裁决的综合效果。法院和立法机构之间通过对话实现这一改变，令几乎所有明确的性别划分都被取消了。

剩下的就是所谓的无意识偏见。交响乐团就是最好的例子。在我成长的过程中，除了竖琴演奏家，我从未见过交响乐团里有女性。

霍华德·陶布曼是《纽约时报》的著名乐评人，他说能分辨出弹钢琴或拉小提琴的是女人还是男人。于是有一天，有人提议他接受测试，让其坐下，蒙上双眼，接着让一队年轻的艺术家出来表演。

结果他弄错了，完全搞混了。然后有人想出了一个绝妙的主意：提议拉上幕布。这样比赛的评委就看不到候选人了。就这样，几乎在一夜之间，交响乐团发生了重要的变化。

几年前，当我在一个音乐节上讲述这个故事时，一位年轻的小提琴手说："嗯，你漏了一些东西。""我漏了什么？""我们应该光着脚进去，他们不该允许女人穿高跟鞋进去。"

遗憾的是，我们不能在每个地方都用这种帷幕。有一本很薄的书，里面有玛丽·比尔德的两篇演讲，她在书中解释了……第一讲是关于女性的无声无息。第二讲是女性掌权。

但她从佩涅洛佩来到追求者所在地的故事开始，她的儿子忒勒玛科斯告诉她，妈妈，你不应该在公共场合说话，女人不能这么做。

艾斯纳	这是荷马《奥德赛》的故事。
金斯伯格	是的。作为年轻的教员我不知道参加过多少次这样

的会议，当我发表言论的时候大家就会沉默，接着讨论继续。大约 10 到 15 分钟后，一个男人说出和我相同的观点，大家就会议论纷纷对其回应。观念如此。

当一个女人发言时，人们往往置之不理，因为你不会指望她说出任何有价值的话。

艾斯纳　事实上，这种情况可能会持续下去。我在 2015 年发现了一项关于最高法院女性大法官的研究，也就是您、卡根大法官和索托马约尔大法官，你们被打断的次数是男性同事的三倍。

作为一项学术研究，您听上去觉得可信吗？您觉得是否有意义？

金斯伯格　如果你看一下内容应该知道这个学术研究是准确的。我很高兴这份报告发表了，因为现在情况有所改变，男性会更加意识到这种情况的发生。另一方面，我确实说过，我们作为大法官已经善于不打断别人说话。斯卡利亚大法官在世时，索托马约尔和他曾比赛看谁能在口头辩论中提出最多问题。

很多……

让我告诉你。这是一个非常犹太化的故事。有一天，奥康纳法官在辩论中被问及一个问题，然后我插了进来。她说："等一下，我还没说完。"第二天，《今日美国》的头条新闻是"粗鲁的鲁斯打断了桑德拉"。

我于是在辩论之后的午餐时间立即向她道歉。她说，真的完全不必在意啊，男人之间不经常这样吗？所以当我被问及对这篇文章的看法时，我就是这样回答的。写这篇报道的记者看了接下来的两场辩论，他赞同道："她说得对，我从来不关注男人们互相打断对方的时候。"

后来，一位来自乔治敦的女士，一位了不起的语言专家，跑来为我解围。她试图为我解释打断桑德拉说话的原因。由于桑德拉·戴·奥康纳大法官来自新墨西哥州和亚利桑那州交界处的一个牧场，是一个西部慢节奏的女孩，而我是一个纽约的快言快语的犹太女孩。了解我们俩的人知道，我说完一句话的速度相当于她只说两个字。但这是一个非常典型、善意的例子，说明犹太人说话快得很，容易打断对方。

艾斯纳 我们的许多读者，尤其是女性读者，都渴望得到您的建议。这是个来自北卡罗来纳州罗利市的贝基，她说自己做律师助理才几个月，就已经遇到歧视。她想继续追求法律职业的梦想，您能给她点什么建议吗？

金斯伯格 首先，要找到盟友，独来独往是很难的。但如果有志同道合的人，就可以给你自信和坚持的精神。不要用"你这个性别歧视的猪"来回应你受到的侮辱。

在1970年代初我以为我的工作是一名幼稚园教师，不断向法官们解释性别歧视的存在。

他们对种族歧视和性别歧视的理解大相径庭。种族歧视是令人憎恶的，但对男女之间的性别歧视，人们则总是无稽地认为对女性是有利的。因此，要告诉一个自认为是好丈夫好父亲的男人，接受教育改变歧视观念，认识到问题的所在。因为在1971年之前，最高法院每次遇到性别区分时，都会将其合理化为对女性的偏袒。事实上，女性并没有被列入陪审团的角色。"好吧，这就是一种恩惠：她们作为家庭生活的中心，不能被工作分心。"

别介意这个社会对女性公民身份有什么看法。公民有义务也有权利，其中一项义务就是参与司法工作。男人有义务服务于司法，而女人则可以为家庭做出牺牲。或者说……1940年代，密歇根州通过了一项典型的法律：除非她的丈夫或父亲拥有酒吧，否则女性不能担任酒吧招待。一个案子就是一位母亲拥有一家酒馆，而她的女儿是酒保，最高法院将其视为旨在保护妇女免受不良环境影响的立法而予以禁止。别介意没有规定限制妇女担任酒吧服务员，也就是把饮料端到桌子上的人。因为她没法站在吧台后面保护自己。

那是在1943年……这就是关于等级差别的想法。法官们花了一段时间才理解布伦南大法官所说的话：女性应立于台前，而非困于囚笼。让法官们理解性别歧视的存在是一项艰巨的任务。

艾斯纳 多年来，您似乎与已故大法官安东宁·斯卡利亚有着最亲密、非同寻常的关系。有很多人惊叹于你们两人意见分歧如此激烈，却有着如此温暖而深厚的友谊，我们的一些读者也问到这个问题。一位老师来信写道，她的公共政策学生说，他们无法与自己政治观点不同的同龄人交谈。另一位读者说，现在很难与不同意自己观点的家人和朋友交谈。我很好奇，您和斯卡利亚大法官是怎么做到的？

金斯伯格 我第一次见到斯卡利亚大法官时，他是芝加哥大学的教授，我听了他的讲座。虽然我不同意他的很多观点，但完全被他说话方式吸引住了。

他是，一直都是，一个非常有幽默感的人。当我们在华盛顿特区联邦巡回上诉法院——法院由三名法官组成合议庭——成为好朋友时，他会在口头辩论中对我低头耳语，那让我捧腹不已。我能做的就是尽量避免放声大笑。

我们有一些共同点。一是他在皇后区长大，我是在布鲁克林长大，那里的居民区大致相同，要么是爱尔兰人或意大利人，要么是犹太人。我们都非常注重家庭。我们每年都会举办一次新年派对，你知道，在那里的入场券就是你猎捕的任何东西。通常是斑比和我丈夫烹饪鹿肉，他是位伟大的厨师。周围的孩子也会来。然后我们一起欣赏热爱的歌剧。事实上，有一部喜剧歌剧，叫作"斯卡利亚/金斯伯格"。

我认为它很好地诠释了我们的友谊。它以斯卡利亚的愤怒咏叹调开头，愤怒是典型的亨德尔风格。剧中是这样的：法官都是瞎子吗/他们怎么可能说出这种话/宪法可不会这样说。关于这个，我回应说，他是在为疑难问题寻找明确的解决方案。但是，我们宪法的伟大之处在于，它就像我们的社会一样，可以不断进化。

然后斯卡利亚就被关进了小黑屋。他因过度异议而受到惩罚，必须通过一些测试后才能出来。

所以我从天花板进去。

随后我告诉剧中的唐·乔万尼，斯卡利亚·金斯伯格，他被称为骑士。他很惊讶："你为什么要帮助他？他是你的敌人。"然后我们来一段精彩的二重唱。我吟唱道："他不是我的敌人，而是我亲爱的朋友。我们是不同的，但我们是一体的。我们解读法律文本的方式不同，但我们对宪法和所服务机构之崇敬一致！"

我们最近在国会图书馆看了歌剧"斯卡利亚/金斯伯格"的节选。听众是众议院和参议院司法委员会的成员和工作人员。

第二天，格拉斯利参议员问我能否给他一份我的发言稿。

有时我会私下对斯卡利亚法官说："你写的东西太夸张了。低调点，也许会更有说服力。"可惜他从未采纳这个建议。

但另一方面，斯卡利亚是一位伟大的语法学家。他的父亲是布鲁克林学院的一名拉丁语教师，母亲是一名小学教师，如果我犯了语法错误，他会提醒我。要么打电话给我，要么来我办公室。从不发信息，也不发备忘录，目的就是要让我为自己犯的错误感到尴尬。

艾斯纳　　我们正处在一个两极分化的时代，人们真的很渴求能够有超越哲学、政治或司法差异的模范榜样。您认为你们的友谊有何值得借鉴的地方或对我们有什么启示？

金斯伯格　我认为我们关心的是法院的福利，法院的利益和福祉。对任何人在决策机构工作的人来说，这都应是首要任务。我想说，最高法院是我工作过最具合作精神的地方，超越了任何法学院，超越了哥伦比亚特区巡回法院。我们彼此尊重，且在多数情况下真心欣赏对方。

艾斯纳　　我可能无法请你详细描述……

金斯伯格	但让我告诉你以前不太好的情况吧。想象一下布兰代斯大法官进入法院的情景,他是威尔逊任命的第二位法官,第一位是麦克雷诺兹大法官。麦克雷诺兹法官是一个不折不扣的反犹主义者。当布兰代斯,这位有时被称为以赛亚的杰出人物在会议上发言时,麦克雷诺兹会离开房间。的确如此。
艾斯纳	有人反对吗?有人告知他这是不对的吗?
金斯伯格	是的,他最终克服了内心的障碍。
艾斯纳	您和已故的丈夫马丁有着非常温馨、充满爱意和超越寻常的合作关系。据我所知,多年来,他比你更善于社交,厨艺精湛,还相当健谈。自从他去世后,您的公众形象似乎有所提升,请问这是巧合还是两者之间有某种关联?
金斯伯格	马丁是我人生最大的推动力。我大学毕业的当月,我们就结婚了。他上了一年法学院,然后在朝鲜战争末期被派去服役。所以当马丁回来的时候,他读二年级,我读一年级。我在康奈尔认识了他的一位同学,他对我说道:"你知道你的丈夫,他一直吹嘘你。他说你会上法学评论刊物。不过我看你啊,就是一个小笨蛋。" 但马丁就是这样,总是让我觉得自己比想象中要优秀。但对于一个年轻人来说是非同寻常的。1950 年

代，我去了康奈尔大学，那里的男女比例是4∶1，是有女儿的父母的理想之地。

所以说，如果你在康奈尔都找不到伴侣，那就没希望了。

马丁之所以如此吸引我，是因为他欣赏我的才华，而我以前从没遇到过一个对我感兴趣的人。我在康奈尔大学的一些非常聪明的女同学，她们会通过装傻来取悦男生，令他们觉得自己非常重要。马丁对自己的能力非常自信，从不把我视作威胁，绝对不会。我猜测他的想法是，如果我决定要和鲁斯共度余生，就因为她是个与众不同的人。

艾斯纳　　是的，很难想象您会装傻。如今您是个相当知名的大法官，我很好奇，这里有您的战利品，有马克杯，还有您的手提袋，印有异议图案的手提袋。在这些东西上面看到自己的脸会不会感到古怪？

金斯伯格　　嗯，这都是一个法律系二年级学生的创作……（录音不清）它始于最高法院对谢尔比县案件的裁决，该案件切断了1965年投票权法案的心脏。……（录音不清）对法院的所作所为感到愤怒，但意识到愤怒也无济于事。随后她决定做一些积极有意义的事情。于是她在Tumblr这个轻博客网站开了个账号，并以我对谢尔比县案件的异议开始。

然后她想到了它的专属名称，有人向她推荐了一位布鲁克林同胞,"臭名昭著的BIG"。人们不知道我们有非常重要的共同点,源头就是从这里开始的。这对我来说太不可思议了。3月我就85岁了,每个人都想给我拍照。

艾斯纳　　凯特·麦金农在《周六夜现场》中扮演过你;费丽希缇·琼斯在一部新专题片中扮演你,这部纪录片上周刚刚在圣丹斯电影节上首次亮相。在银幕上看到自己的感觉如何?

金斯伯格　我看过这部纪录片,非常好,我很满意。
介绍我的凯瑟琳·佩拉提斯也在其中。我的私人教练也参演了。电影制片人花了一个小时和我们两个人在健身房里拍摄,也许在电影中只出现两三分钟的时间。菲丽希缇·琼斯饰演我……扮演马丁的是艾米·汉莫。于是有人说,他比马丁的个子要高。他们问,你觉得和菲丽希缇·琼斯一样高吗?那部电影叫《性别为本》大概会在2018年年底上映。
剧本是我的外甥写的,他是马丁姐姐的儿子,他根据马丁和我一起辩论过的一个没有提交给最高法院的案件来改编的。我问了我侄子,丹尼尔,为什么要选这个案件?他说他希望这部电影讲一个既是关于婚姻也是关于法律的案件。因此,这个案子就很适合。这是查尔斯·E. 莫里茨起诉国税局局长案。一位悉心照顾已经93岁母亲的男人,根据《国内税收法》可以享有税收减免。如果你雇人代替自己照顾孩子、年迈的父母或任何年龄段体弱多病的亲属，任何妇女或丧偶离异的男人都可以享受这项税收减免。但是查尔斯·E. 莫里茨从未结婚却申请了这项税收扣除，结果被税务局驳回了。于是他向税务法庭提起诉讼，提交了一份极其简洁精练的辩护状，他说："如果我是个孝顺的女儿，就会得到这笔扣除额。我是个孝子。这有什么意义呢？"

我想税务法庭法官说的大意是："我们了解到纳税人提出的是宪法上的论点。但每个人都知道，《国内税收法》免于宪法规制，它充斥着任意和专横。"

总之，我们把查尔斯·E. 莫里茨的案件提交到了丹佛的第十巡回法院，法院判决我们胜诉。国会追溯性地修改了法律，这就是法院和立法机构之间的相互作用。法院认为这个标准不好，于是立法机构对其进行了修正。尽管如此，副检察长还是要求最高法院重新审查这一决定。并解释说，尽管性别界限不复存在，但第十巡回法院的判决还是给数十项联邦法规蒙上了违宪的阴影。参见附录 E。附录 E 列出了《美国法典》中所有基于性别进行区分的条款，这些信息来自国防部的电脑。在一个没有个人电脑的年代，这可是一笔巨大的财富，因为所有需要修改的法律条款都在这里。

这就是《性别为本》的核心所在，这部影片的名字。

艾斯纳	现在很多民主规范似乎都受到了媒体、司法机构的攻击和破坏。我想问您是否认为大法官们在某个时刻应该对此做出回应?
金斯伯格	司法部门是政府的一个被动部门,它不会先行提出争议。它没有预先设定的议程,而是对外界的申请进行被动回应。第五巡回法院的一位非常优秀的联邦法官戈德堡曾经说过:"法院不会煽风点火制造冲突,但会尽全力阻止和消灭冲突。"如果有人问我意见,我只能说,法官确实要依靠律师协会来解释司法独立的重要性。联邦司法机构就是我们国家的标志和骄傲。
艾斯纳	您有没有做过后悔的决定?
金斯伯格	我要用当我是哥伦比亚巡回法院的一名新法官时,我的资深同事埃德·谭给我的建议来回答这个问题。他说:"鲁斯,你必须努力处理每一个案件,认真写每一份判决意见书。当它发布,案件结束时,不要回头。不要浪费时间去担心已经完成的事情。继续下一个案子,全力以赴。"这对法官来说是个很好的建议。
艾斯纳	您能做到吗?
金斯伯格	是的,没有任何困难。

艾斯纳　　　我真的感触颇深。

金斯伯格　　我必须说，当被问及布什诉戈尔案时，我还没有遇到过我同事碰到的挑战。所以斯卡利亚法官对人们的回答是："忘掉它。"

艾斯纳　　　多年来一直有人建议将最高法院大法官的终身任期改为固定任期，也就是说可能会跨越几个总统任期。这有助于减少党派间的焦虑，也意味着年长的法官可以被选中任职。对于已过黄金时期的法官来说，这也许是一种优雅的离席方式。

我想知道您对这个想法怎么看？

金斯伯格　　在这个话题上，我是有偏见和成见的。我承认，世界上大多数国家都规定了强制退休年龄。我国大多数州对法官也有强制退休年龄。有些州有固定的、不可连任的任期。但我很感激开国元勋们在宪法中写明，法官应在行为良好的情况下任职。所以，很多人问我，你什么时候下台？

观众　　　　永不！

金斯伯格　　我的第一反应是，我从美国艺术博物馆借了一幅约瑟夫·阿尔伯斯的画，甚是喜欢。他把画从我这里拿走参加巡回展览。大约8年后，它又回来了。所以说在拿回我的阿尔伯斯之前，我甚至无法考虑自己。

然后第二个想到的是布兰代斯。他被任命的时候与我同龄，在23年后卸任。但现在我是任职时间最长的犹太法官，比布兰代斯和弗兰克福特法官都长。所以我也没法以此为例。

因此，我坦诚地说，只要我能全力以赴，就会一直留在这里。

艾斯纳　很遗憾，我们的时间快到了，我有个问题必须问您一下。我曾有幸问过奥巴马总统、本雅明·内塔尼亚胡总理和当时还是国家安全事务助理的苏珊·赖斯，您最喜欢哪种口味的百吉饼？

金斯伯格　纽约罂粟籽百吉饼。

艾斯纳　太不可思议了！我真没想到这个答案，这可能是巴拉克·奥巴马、本杰明·内塔尼亚胡和鲁斯·巴德·金斯伯格唯一达成共识的事情。他们都选了罂粟籽。哇，我很惊讶。

在我们收到的众多读者的问题和笔记中，有一个非常特别，我想在结束前提一下。它来自印第安纳州埃文斯维尔的卡莉·雷·布朗卡莉，我希望您正在收看。她今年 9 岁，上四年级，她说是您最忠实的粉丝。她所在的女童子军搞了一次圣诞节游行，他们被要求在牌子上写下自己长大后的理想，她写的是"最高法院法官"。她说，她想成为一名大法官，支持妇女权利和其他遭受不公平待遇的人。她也——你准备好了吗——想被称为 C.R.B.。

这是她的问题。她问:"作为一个9岁的孩子,我现在能做些什么来改变现状?怎样才能追随您的脚步呢?"

金斯伯格　首先,我想说,一个年轻女孩立志成为一名法官,甚至是最高法院的大法官是一件很棒的事情。我的孙女现在是一名律师。她8岁的时候,我正在为某个节目拍摄。孙女克拉拉和我在一起,她说她也想出演这部电影。于是制片人说:"好吧,克拉拉,我们问你一个问题,你长大后想做什么?"这个8岁的孩子说:"我想成为美利坚合众国的总统。"

这就是今天的年轻女性所拥有的抱负与她们所谓的昔日美好时代所拥有的理想之间的差异。我认为她应该认真对待学业,成为一名优秀的读者。阅读在现在的工作中极为重要。然后为你的社区做些事情,我相信定会有所发现。或者给无家可归的人一些食物,或者关注环境、帮助打扫公园卫生,以及任何能让社区变得更好的事情。这就是我建议她做的。

艾斯纳　她让我请你留在最高法院,直到她来接替你的位置。不知何故,我觉得在座的各位可能会同意我的观点。我只想感谢大家,这是一个美妙的夜晚。我个人要感谢我亲爱的朋友和出色的支持者凯瑟琳·佩拉提斯的精彩介绍,以及为此所做的一切。感谢霍茨布拉特拉比、亚历山大拉比、大卫·波隆斯基和考特尼·蒂施，以及阿达斯以色列的全体工作人员，你们太棒了。很高兴和你们一起工作。还要感谢《前进报》的董事会主席杰克·莫洛维茨和社长萨姆·诺里奇，还有《前进报》全国董事会的其他成员，他们中的许多人都是专程飞到华盛顿来参加今晚的访谈节目。当然也非常感谢《前进报》的读者和支持者，没有你们慷慨的支持，我们不可能取得今天的成就。感谢今晚到场的所有人以及所有通过网络直播和脸书在线观看的观众。非常感谢你们参与这场精彩的对话。

当然，我们还要向鲁斯·巴德·金斯伯格大法官致以最诚挚的谢意。

我经常引用马丁·路德·金很喜欢的一句话：
"道德世界的弧线很长，但它弯向正义。"我对此深信不疑。

THE LAST INTERVIEW: BILL MOYERS IN CONVERSATION WITH RUTH BADER GINSBURG

最后的访谈：比尔·莫耶斯与鲁斯·巴德·金斯伯格的对话

采访者
比尔·莫耶斯

《莫耶斯论民主》(*Moyers on Democracy*)
纽约协和神学院，2020 年 2 月 12 日

每年，朱迪斯·戴维森·莫耶斯精神女性奖讲座（Judith Davidson Moyers Women of Spirit Award Lecture）都会邀请一位杰出女性与纽约协和神学院的师生和朋友见面。

今年的嘉宾是最高法院大法官鲁斯·巴德·金斯伯格。

"臭名昭著的RBG"担任最高法院大法官至今有27年，她也已成为一个文化偶像，经常在公开露面时吸引大批观众。她接受记者比尔·莫耶斯采访时，协和神学院的观众座无虚席。

莫耶斯 热烈欢迎。正如您所见，金斯伯格大法官，这里座无虚席。教堂里挤满了协和神学院的教职员工、行政人员和朋友。来宾们有的来自对面的犹太神学院，有的来自巴纳德学院和哥伦比亚大学的宗教系——哥伦比亚是您的母校。还有更多的人在那边的阳台上，在这看不见的房间里，人满为患。许多人通过流媒体加入我们，大家都已经聚集在一起，非常感谢你们的到来。

首先，谈一个个人经历和感受。两周前，朱迪斯和我在国会图书馆。林登·约翰逊基金会向大法官颁发了年度自由与正义奖。他们让我简短地向大法官致以敬意。于是我花了几个星期的时间深入研究关于她的书、传记等作品。最近有一本刚出版的非常不错的书，名为《金斯伯格访谈录》，这是一本了不起的著作。

尤其是她的辩护状。我一生中读过很多辩护状，但从未像过去三个月读过的那么多。我在反对和肯定的辩护状中都发现了一种非凡的风格，一种就像过去 30 年一直由一流的教练指导训练而成的精练有力的散文体。那篇文章如诗如画，描写细腻，见解深刻。我从没像读这些辩护状那样喜欢读法律书籍。

然后我发现了一个关于她的鲜为人知的事实。也许你们中有些人很了解她。但在 1950 年代，她曾在康奈尔大学师从弗拉基米尔·纳博科夫学习欧洲文学。显然——据说——也确实如此：他对其别具一格、独特出众的散文风格产生了很大的影响。

因此，我强烈建议你们在空闲时间去找一下这些辩论状（我稍后会提到其中几份），认真阅读它们，因为这些是极其重要的文献。我想先问您，金斯伯格大法官，您从跟随纳博科夫的学习过程中得到了哪些启发，让自己的写作方式发生了明显的转变？

金斯伯格 我们叫他"纳布科夫"，各种发音都有。他是一位热衷于字音的人。我认为英语只是他的第三语言，第一语言是法语，然后是俄语。他还解释了为什么比起其他语言，他更喜欢用英语写作。

他举了个例子。白马如果用法语说，是 le cheval

blanc。但当你说 cheval 时，你想到的是一匹棕色的马。于是你必须调整固有思维，将其想象成白色。但因为英语的形容词在前面，所以当马出现的时候，它已经是白色的了。

莫耶斯　您是否受他影响，使用"性别歧视"（gender discrimination）来代替"性歧视"（sex discrimination）这个短语？

金斯伯格　这一变化是我在哥伦比亚法学院的秘书引发的。她叫米莉森特·特里安。有一天她对我说："我一直在给你打这些辩护状和视听稿，'性'这个词到处都是。你难道不知道，你所面对的那些男人"——因为当时的联邦法官几乎都是男性——"你难道不知道，面对性这个词他们首先想到的并不是你希望在他们脑海出现的那样。"

"所以选择一个中性的词，语法书上的术语，这样就能避免令人分心的联想。"我觉得她说得很对，于是我开始用"性别歧视"这个词，法院也接受了。就是你现在看到的"性别"一词的使用。

莫耶斯　您有没有想过为了写小说而放弃法律？在那次经历之后，您想过成为一名小说家吗？

金斯伯格　我热爱法律，热爱法律研究。与许多法律系学生不同，我非常享受在法学院的 3 年时光。我不认为自己有能力成为一名优秀的小说家。但在这个行业里，我从事了——哦，天知道有多少年，很难相信我已经在最高法院工作了27年。

莫耶斯　　　没错。您知道自己写过多少份辩护状吗？
金斯伯格　　多少份意见书？

莫耶斯　　　是的，意见书。
金斯伯格　　数以百计，因为在担任最高法院法官之前，我在哥伦比亚特区巡回上诉法院工作了13年。在这13年里，我写了数百份意见书，而在最高法院，我没有准确的统计，但有记录显示应该有数百份。

法院的每个案件都有意见书，但每位法官都可以自由地单独撰写基于不同理由的赞同意见，将其加入多数法官的判决，或者撰写反对意见。你也许注意到了代表法庭的意见书之间的差异。

我们开会的时候，我会认真记录我的同事们对案件的看法。如果我被指派撰写意见书，会尽量吸收其他意见，因为我是在为法院写作。但如果我写的是反对意见，也就不用担心其他人的意见了……

莫耶斯　　　了解。
金斯伯格　　……思考，我有一双自由的手。

莫耶斯	如果您成为小说家，我们就会错过一些精彩的观点，我很高兴能有机会读到它们。但这又把我带回了您为什么要成为律师的问题上。
金斯伯格	这要追溯到我在康奈尔大学读本科的时候。对我们的国家来说，那不是一个好时机。那是威斯康星州参议员约瑟夫·麦卡锡的鼎盛时期，全国掀起了一场巨大的红色恐慌。众议院反美活动委员会和参议院调查委员会传唤很多从事娱乐业的人或是作家，让他们到国会为自己在1930年代大萧条时期青年时代加入粉红色组织的行为辩护。 在康奈尔大学，我有一位伟大的宪法学教授，他的名字叫罗伯特·E. 库什曼。他希望我意识到，我们的国家正在偏离其最基本的价值观，那就是按照自己的信仰去思考、说话和写作的权利。而不是像老大哥政府告诉你的那样去思考、说话和写作。 他让我意识到，有律师为这些人挺身而出，提醒国会我们有保障言论自由的第一修正案，还有保护我们免于自证其罪的第五修正案。 我从中得出结论，当一名律师是件非常有趣的事。除了可以谋生，也可以做一些不图回报、力所能及让所在的社区变得更好的事情。因此，律师的概念不仅仅是一个为了赚取一天工资的人，而是一个有能力让事情变得更好的人。

莫耶斯	您的生活和工作贯穿着一条深刻的道德主线，请问这种道德使命从何而来？
金斯伯格	从哪里看出来？我不知道你是从哪里得出这个结论？但我经常引用马丁·路德·金很喜欢的一句话："道德世界的弧线很长，但它弯向正义。"我对此深信不疑。 我在有生之年已经看到了，现实情况可能不如我们所愿，但想想我们已经走了多远。例如，我成长于第二次世界大战肆虐之际，当时我们正在与可憎的种族主义作斗争。然而，直到战争结束，我们的军队都一直按种族严格划分……
莫耶斯	是的。
金斯伯格	……按种族划分是错误的。我认为二战是最高法院最终结束美国种族隔离制度的主要因素，布朗诉托皮卡教育局案的裁决就是证明。
莫耶斯	我想是在1954年。
金斯伯格	没错。
莫耶斯	是的。
金斯伯格	1954年，回想当时的情况，我们国家存在的种族不公、给女性的有限机会。那是一个封闭的时代，而我见证了那些大门的打开。我亲眼看到曾经紧闭的

门口迎来了欢迎的门垫。所以我是一个乐观主义者，因为我知道，只要人们真正在意，就有改变的可能。

这很重要，因为如果不是在 1960 年代末和整个 1970 年代女性中掀起了一股想要打破壁垒的浪潮，仅靠一己之力是永远不可能做到的。希望男女都能得到解放，不分彼此，追随自己的天赋才能……

莫耶斯　　同意。

金斯伯格　　……尽你所能。

莫耶斯　　当我问您关于道德要求的问题时，以为您会说一些关于希伯来先知的东西。我研究生专业是神学和教会史，唯一差点不及格的课程是学了两年的希伯来语。要不是和朱迪斯结婚，可能永远也读不完。

但我确实花了足够的时间去思考，从你们的一些观点中，听到了先知的抑扬顿挫和伴随着不公正产生的愤怒。我还发现，您在最高法院宣誓后说："我是一名土生土长的犹太法官，并为自己是犹太人而自豪，因为对正义的诉求贯穿了整个犹太传统。我希望在担任美国最高法院法官的岁月里，用力量和勇气始终如一地为其需求服务。"当我看到这句话时，我意识到这解释了墙上的《圣经》条令……

金斯伯格　　正义，正义……

莫耶斯　　　……在您的办公室里。它还在那儿吗?

金斯伯格　　出自《申命记》,它说:"正义,你要追求正义,这样才能茁壮成长。"是的,犹太传统对我潜移默化的影响就是对知识的渴望。犹太人非常崇尚学习。我父亲13岁时从俄罗斯来到这里,他去夜校学习英语。除了希伯来语学校,他从未在任何国家接受过任何正规教育。

我母亲是她大家庭中第一个出生在美国的孩子,教育对他们来说非常重要。我从小就喜欢阅读。儿时最美好的记忆就是坐在母亲的腿上,静静聆听她给我读书。没错,正是这种反对不公,并想改变现状的动力。犹太人有一种说法,我们有义务去修复所处社会中的裂痕。

莫耶斯　　　我看到了您在高中校报上写的一篇社论,记得您在其中对《大宪章》的重要性作了惊人的阐述,谈到了《十诫》……

金斯伯格　　《权利法案》。

莫耶斯　　　……英国的《权利法案》,标志着新政府框架的《独立宣言》,以及《联合国宪章》……

金斯伯格　　是的。

莫耶斯　　　……在那个年代,您是如何把这些文件汇集成一篇简短而非凡的论述的？

金斯伯格　　那是在我八年级的时候，二战刚刚结束，人们欢欣鼓舞。当时有个组织叫作"世界联邦主义者"。每个人都希望世界能够和平相处，法治能够代替战争。虽然结果不如当时的预期，但那是一个非常非常充满希望的时代。《联合国宪章》是一个理想的世界。和平，活着！没过多久，铁幕就落下了，我们开始忍受这么多年的生活。

莫耶斯　　尽管您出生于1933年的大萧条时期，但非常乐观。

金斯伯格　　是的，没错。

莫耶斯　　我出生于1934年，朱迪斯比我晚一年。我们之间仿佛已有250多年的交情。那是在大萧条和第二次世界大战之后，我们都相当乐观，尽管当时太年轻，根本不知道什么是乐观，但我们对未来充满希望。另外有一件事，我今晚想提一下，但事隔很久。那是八年级的时候，高中时期，我读了以前从未看过的安妮·弗兰克的文章，但我看过她的日记和纪录片，她谈到了女性的困境。

金斯伯格　　对。

莫耶斯　　为什么女性要从属于男性？她说这很愚蠢。

金斯伯格　　是。

莫耶斯	她说:"这很愚蠢。"接着道,"我只能用这样的事实来解释,男人比女人更强壮,他们可以工作谋生,可以为所欲为"之类的话。然后说:"我只希望女性有一天能醒悟过来,意识到她们所遭受的一切,并为此做些什么。"
金斯伯格	的确。她当时 15 岁。
莫耶斯	15 岁。您如何得知?
金斯伯格	在日记的最后。这是她被送到卑尔根-贝尔森之前的最后一篇日记。她葬身于此,我记得去世时离她 16 岁生日只差一个月。
莫耶斯	您是否记得当您读到安妮·弗兰克日记中关于女性的描写时是作何感想?
金斯伯格	我不记得第一次接触它是什么时候,但读过几次。确实让我大开眼界。我很清楚这些情况和客观条件的存在,但我想,"事情既已如此。你虽对此无能为力,但必须勇敢面对"。这是她日记中引人注目的一条。
莫耶斯	的确。
金斯伯格	她还提到了一些进展,她说:"在一些国家,她们已经被赋予了平等的权利。"

莫耶斯　　　没错，对女性来说，情况已经好多了。您小时候的榜样是谁？我知道一位是您的母亲，西莉亚。

金斯伯格　　我有一个虚构和一个真实的榜样。你说得没错，我母亲一直鼓励我，告诉我："无论你做什么，都要独立。如果遇到白马王子并嫁给他当然很好，但依旧要自食其力。"

虚构的女主角是南希·德鲁，因为当时大多数儿童读物都是简和杰克的故事。杰克到处乱跑，做各种有趣的事情，而简或吉尔则穿着漂亮的粉红色派对礼服优雅地坐着。但南希·德鲁是个实干家，她带着男朋友四处探险和解谜。

对我来说，真正的女英雄是阿梅莉亚·埃尔哈特。可能不存在女法官的榜样，因为当时的法官中没有女性，也许只能以《圣经》中的黛博拉作为女法官的模范。即使在我开始上法学院的时候，全国的律师中女性也只占3%。我认为，现在的年轻女性身边有很多激励她们的同胞。女性不再闭门造车，她们也可以成为海军上将，可以担任首席法官。所以榜样就是南希·德鲁和阿梅莉亚·埃尔哈特。

莫耶斯　　　那希腊诸神呢？

金斯伯格　　哦，对。我母亲每周带我去图书馆。在她做头发的时候，我会挑四五本书带回家，其中一些就是希腊神话。我最亲密的朋友是天主教徒，她信奉很多圣人，而我只有一个神。从那时起，我成了希腊神话的爱好者。

莫耶斯　　我相信，尤其是雅典娜。
金斯伯格　哦，帕拉斯·雅典娜，她令她父亲头疼。

莫耶斯　　据说她是……当我看到这篇文章时，被它深深地震撼了。我就在那年纪，在得克萨斯州东部的一个小镇上长大，经常行走在东伯勒森大街上。由商业和职业妇女协会新建造的小型图书馆开放了，这是我们在法院外的第一个真正意义上的图书馆。

我进去挑了两本书带回家，这是我第一次拥有书籍。一本是儒勒·凡尔纳的《八十天环游世界》，另一本是关于希腊英雄的著作。就在您阅读雅典娜的同时，我也在阅读那些成为她们愤怒对象的男性的故事。

所以我们有共同点。儒勒·凡尔纳激发了我成为一名记者的愿望，因为他环游世界，而且靠别人的开销。我喜欢这样。但据说雅典娜建立了法治，当她……

金斯伯格　是这样。

莫耶斯　　……试图对奥雷斯泰斯，是吧？
金斯伯格　对。

莫耶斯　　　因犯谋杀罪……他的母亲杀害了自己的丈夫,因而谋杀了自己的母亲替父报仇。

金斯伯格　　是的。

莫耶斯　　　因此据说她为正义的规则奠定了第一个框架。

金斯伯格　　是。

莫耶斯　　　我想知道您是否因此看到了自己的未来?

金斯伯格　　我并不抱幻想——

莫耶斯　　　好的。

金斯伯格　　——成为一名法官。当然现实中可能有雅典娜,但她是不朽的,并非凡人。事实上,直到吉米·卡特成为总统后,联邦法官席上才开始出现为数众多的女性。我在法学院的时候,整个国家历史上只有一位女性在联邦上诉法院担任过法官,那就是来自俄亥俄州的弗洛伦斯·艾伦。她于1959年退休,也是我从法学院毕业的那一年,但直到约翰逊任命雪莉·霍夫斯特德勒之前,再也没有女性担任过上诉法官——

莫耶斯　　　没错。

金斯伯格　　——进入第九巡回法院。然后卡特任命雪莉·霍夫斯特德勒成为有史以来第一位教育部部长。卡特认

为：'我见惯了这些联邦法官，他们看上去就像我这样，但伟大的美国不应是这样。'

因此，他决心任命更多的少数族裔成员和女性担任联邦法官。但最高法院当时没有职位空缺，他的任期只有4年，因此他改革了联邦司法机构。我相信他任命了超过25名女性担任地区法院和初审法院法官，随后又任命了11名女性担任上诉法院法官。我就是那幸运的11人之一。

里根总统上台后，也不甘落后。他决心让第一位女性进入最高法院。便在全国范围内物色人选，最终选定了桑德拉·戴·奥康纳。没有一位总统停留在过去落后的时代，每位总统都与时俱进。因此，现在女性在联邦法官中的比例接近三分之一。虽然还不够，但肯定是朝着正确的方向在发展——

莫耶斯　是这样。

金斯伯格　——此乃趋势所在。

莫耶斯　让我们退回去一点再来谈谈关于法律的一些问题。您是在布鲁克林的夫拉特布什长大。夫拉特布什曾一度是旧时布鲁克林的原始殖民地之一，信不信由您，后来到您来到这里的时候，它已经成为世界上最大的犹太人城市聚集地。

融合了爱尔兰人、波兰人、意大利人和一些叙利亚人。在您的传记和其他关于三四十年代夫拉特布什的描述中，可以感受到一种能量和动力。而且，当许多人都在为每天的面包而奋斗时，显然会有一些冲突。

但您住在康尼岛附近，听说还能看到路对面的自由女神像。有位作家说夫拉特布什有一种彻头彻尾的美国特质，您是否也有同感？能感受到当时全国上下发生的爱国主义热情和震动？

金斯伯格 我家社区的大多数人，他们的父母都来自旧世界，当然不会比他们的祖父母更久远。我们的社区跟纽约的许多社区一样，居住的犹太人、意大利人和爱尔兰人的比例大致相等。然后，如你所说，还有零星的其他人。

我们的社区里没有非裔美国人。甚至在我上法学院的时候，我想有人提到过，我是全班500多名学生中9名女性之一。整个哈佛法学院一年级只有1名非裔美国人。

莫耶斯 就一位？

金斯伯格 只有一位。

莫耶斯 我住在得克萨斯州的一个小镇上。镇上有两万人，一万是黑人，一万是白人。白人和黑人很少交流。我们从远处看到彼此，但正如我多次强调，这证明你可以从小受到良好的爱护、教育和教化，却仍然对铁轨对面其他人的生活经历一无所知，对吗？

金斯伯格　你可能知道一个名为斯韦特诉佩因特的案件。得克萨斯州终于意识到不能把非裔美国人排除在法律教育之外。所以在1940年代，政府建立了一所独立的学校，彼此隔离且极不平等。斯韦特诉佩因特案的判决是导致布朗诉教育局案的基石之一。

因为最高法院说过："如果不推翻引入隔离但平等概念的普莱西诉弗格森案，这些学校就存在着极大的不平等。非裔美国人不能被排除在得克萨斯大学法学院之外。"

我当时住在布鲁克林，布兰奇·里奇聘请杰基·罗宾逊为道奇队效力时，那真是个激动人心的时刻。他的队友和其他队友都完全不知道这个人因何而来。我对歌剧情有独钟，但你从未在歌剧舞台上见过非裔美国人。玛丽安·安德森，伟大的女低音歌唱家，她不被允许在华盛顿特区的宪法厅演唱。最后，大都会歌剧院在她年富力强的时候聘请了她。因此，尽管我们是欧洲人的大熔炉——东欧和西欧——但非裔美国人和他们并不生活在同一个社区。

莫耶斯　我为您在费舍尔诉得克萨斯大学一案中的观点而欢呼——

金斯伯格　嗯。

莫耶斯	——因为这是一个关于平权行动的案子，而我们在约翰逊政府时期一直在推动平权行动，直到我们遭到强烈反对。但林登·约翰逊在霍华德大学发表了他从政生涯中最伟大的演讲之一，他说："我们怎么能说，如果我们给那些一直被绑着脚跑步的人松绑，把他们带回起跑线上，他们就能赶上其他从未被绑过的人呢？" 在费舍尔诉得克萨斯大学一案中，如果我说错了请纠正我，您写道——如果一所大学想要采取适度或温和的平权行动方案，为什么不呢？那是我们的大学，朱迪斯和我的大学。我喜欢您的措辞方式，就好像这只是一件很自然发生的事情，而不是一座被移走的大山。您还记得吗？
金斯伯格	对，是的。
莫耶斯	当然，这在得克萨斯州影响很大。好吧，从您成长的大熔炉、您的偶像、您的英雄、您的阅读、您的父母以及您在康奈尔大学的经历开始，我想和您聊聊我提到过的、朱迪斯也在介绍中提及过的《投票权法案》。 1965年，当林登·约翰逊签署《投票权法案》时，我当时就在白宫与他一起。这是民权运动的最高成就。普通人为此付出了生命的代价，而我们用这部法律打击的主要对象是那些竭尽全力阻止黑人公民

投票的州和县。例如，密西西比州会询问前来投票的黑人，一块肥皂有多少个泡泡，他们必须回答后才能投票。

国会以压倒性的优势通过了《投票权法案》，该法案发挥了作用。在尼克松总统、福特总统、里根总统和第一任乔治·布什总统的领导下，国会四次更新了该法案。但48年后，就在林登·约翰逊签署完该法案，法院中的保守派多数以5比4的表决结果否决了该法案的关键条款。

我永远不会忘记，因为那是法庭上最贴近我内心和人生经历的案件。永远不会忘记您所写下的激烈的异议，您把对选民的歧视描述为"一种卑鄙的感染"，并谴责和抨击对《投票权法案》的破坏。

如果您还记得的话，您曾预言过，糟糕的事情会以新的和更复杂的歧视形式继续出现。事实也确是如此，今年严格的身份法；新的更复杂的选民名单清理方法；提前关闭投票站或把投票站移到偏僻的地方，令其难以触及。金斯伯格法官，这个案子中的多数意见已经造成了巨大的伤害，您觉得大法官们知道吗？

金斯伯格 我觉得他们知道吗？是的，但大多数人把责任归咎于其他方面。也许我们应该解释一下1965年《投票权法案》的机制，那些不让非裔美国人参加投票的州处于预先审查制度之下。这意味着，如果他们想对投票法进行任何修改,都必须事先获得司法部民权部门或哥伦比亚特区三位法官组成的地区法院的预先批准。也就是说这些压制性、限制性的法律从未获得通过,因为司法部民权部门会说:"不。我们不会预先批准。"

多数人同意,1965年颁布的《投票权法案》——我们现在已经21世纪了——已经过时了,因为过去存在歧视的一些地方、城市和县,现在已经符合标准了。所以他们不应该再在这个体制之下。因此,国会应该重新制定方案,让那些仍然歧视非裔美国选民的人接受预审。

但严酷的政治现实是,当案件提交到法院时——国会刚刚更新了《投票权法案》——某个国会议员会站出来说:"我所在的地区、县、城市或州仍然存在歧视,所以请给我们继续进行预审。"但这是不可能发生的,也不会有新的方案。

该法案本身有一个豁免机制。也就是说,如果你在X年内无犯罪记录,就可以豁免于预先审查制度的约束。因此,国会看到了问题所在,它提供了一个紧急解决方案,我认为这是正确的做法。政治现实是,国会不会通过新的方案。

我确实说过,这是一部真正有效的法律。预审制度起了作用,它并不在事后,而是即刻实施。一旦该法案的核心被宣布违宪,你马上就可以看到这些限制性措施。包括你提到的那些，提前结束投票、把投票站放置在偏僻的地方、要选民证等等。

莫耶斯　　　恕我直言，您知道，就在法院发布判决几个小时后，得克萨斯州的立法机构在同一天通过了一项严苛的身份规定。就在几小时之后，我的朋友唐·里夫斯打电话给我说："好吧，开始了。"我问："什么开始了？"回："反转。"他会说："弧线被推向另一方向。"您预料到了。是您的直觉吗？

金斯伯格　　不。我认为这几乎是肯定会发生的事情。但多数人指责国会，说："既然这是立法，立法者应该修改法规令其符合当代而不是 1965 年的情况。"这是法院的观点。

莫耶斯　　　该案是在奥巴马担任总统时裁决的，当时许多美国人认为我们生活在一个后种族主义的国家。过去的几年里，我们已经习惯了这种观念。我想请问您，如果机会再次来临，尤其是考虑到这一判决带来的恶果，您觉得法院是否会对此重新考虑？

金斯伯格　　你预测的和我非常接近，但我只能说我希望如此。当我写那份反对意见书时，希望能从多数派中剔除一个人。虽然没能成功，但写下的每篇有异议的文章，希望都能永存。我想我会……

莫耶斯　　　继续探讨这个主题。很快，在什么情况下法院可以重新考虑审理案件？

金斯伯格　　呃，这个案子应该不会再审议了，因为现在法律已经失效了。

莫耶斯　　　对。

金斯伯格　　该法案已被宣布违宪，因此将由国会决定，不过我对本届国会重修《投票权法案》不抱任何希望。

莫耶斯　　　英雄所见略同。当然，您不会感到惊讶，今晚在座的各位都与民主政体的宗教问题密切相关。所以我想简单谈谈这个问题，您一直是政教分离的坚定捍卫者，为什么这对您如此重要？

金斯伯格　　我认为宗教与政治分离时会更强大，当政府不再与宗教纠缠不清的时候。坦白说，这堵墙已经不存在了。目前的法院对宗教条款——关于创立宗教和自由信仰的条款的含义有着不同的理解。

应当意识到的是，国家必须在宗教之间保持中立。例如，如果国家支持天主教教会学校，那么也必须支持犹太教日校。所以国家不能挑三拣四，他们可以没有偏好的宗教，但这不再是政府不可资助教会赞助的活动而远离教会的教条了。

莫耶斯　　　长期以来，法院承认宗教自由的原则，自由应该是保护宗教活动的盾牌，但它不应该成为纵容歧视的武器。因此，今晚在座的各位，请帮助我们理解，法院在审查一个案件时所采取的道德平衡行为，比如，你的宗教信仰自由与我的宗教信仰自由发生冲突，因为我们的信仰不同，或者我们中的某一人可能根本没有信仰。我想说的是，我并不是想要您对任何未决案件发表评论，我们稍后会讨论霍比罗比案（Burwell v. Hobby Lobby Stores, Inc.）的判决。但当你们在会议中试图平衡这些政教力量时，都会考虑些什么？

金斯伯格　　嗯，我想到一个是自由信仰的问题，政府不应干涉他人的信仰自由。我认为这些案例仍然非常有说服力。有一个案例涉及的问题——我不记得教堂的名字了，但他们把动物献祭作为他们的——

莫耶斯　　确有其事。
金斯伯格　　——宗教仪式。

莫耶斯　　我想是堪萨斯州。
金斯伯格　　法院允许了这种自由。现在你可以走极端。我在上诉法院工作时，有一个案例，该教堂被称为埃塞俄比亚锡安科普特教会，竟然以大麻作为圣餐。而且教堂不是在礼拜天提供，而是每日！全天！
因此，这座教堂希望获得进口大麻的许可，这样教徒们就可以随心所欲地整天吸食大麻了。让我感到惊讶的是，结果是2∶1的表决，我写下了反对意见。但我的一位同事说："如果这是他们的信仰，如果这是他们的圣礼呢？"

莫耶斯　　您在霍比罗比一案中发表了另一个尖锐的不同意见。当时，法院的保守派以5∶4的多数票获胜。判决裁定，基于宗教信仰，霍比罗比公司基督徒老板不必为其员工提供节育和避孕保险。您说这个判决令人震惊，为什么会做出如此判决？

金斯伯格　　是的，我尊重企业所有人自由行使其信仰的权利，但他们的员工并没有同样的信仰。联邦法律保障为妇女提供的保险里面必须包括避孕药具，而这家公司的老板认为避孕是有罪的。他们可以有这样的信仰，只要是同样宗教信仰的人为他们工作，那就没问题，因为这种情况下公司的女性就不会提出这个要求。

但问题是他们雇用的是不同信仰的女性，无论是否是宗教信仰。公司老板是做生意的商人，他们必须遵守管理的规则，而不应该把自己的信仰强加给那些信仰不同的员工。这是——

莫耶斯　　所以您说："我担心法院已经走进了雷区。"

金斯伯格　　是的。

莫耶斯	请解释一下。
金斯伯格	好。是的,大家都知道,如果你从事的是向公众销售的生意,就不能——比如——说"我不想卖给犹太人"或者"我不想卖给非裔美国人"。因为你在做生意,你必须对所有想要使用其设施的人开放。这是非常合理的立法,一直如此,直到——
莫耶斯	直到——
金斯伯格	——霍比罗比赋予了企业老板特权。实际上,还有很多很多这样的案例涉及根深蒂固无法妥协的宗教信仰。正统派犹太人想必会说:"我们希望在周日继续营业,因为我们周六必须关门。"沃伦法院受理了这起案件,他们驳回了正统派犹太人的请求,不允许他们在周日其他店都关闭的时候开业。
莫耶斯	我跟您说过我在这个小镇上长大。我的教会成员拥有两家药店,里面有苏打水机。他们都认为种族隔离是《圣经》规定的,所以他们不必为镇上前来的黑人服务。这种情况一直持续到1960年代,我们通过了1965年的《民权法案》,上周我们谈到过。所以实际上——
金斯伯格	但关于这个话题,我想谈谈一位女士,她是我的榜样,尽管我们都是成年人。事实上,她是首批被授予圣职的圣公会牧师之一,她的名字是保利·默里。

莫耶斯　　　是的，对没错。

金斯伯格　　保利在 1940 年代中期就读于霍华德法学院，其大学周围所有的午餐场所都是白人专用的。于是在 1940 年代，保利组织霍华德的学生到那些午餐场所静坐示威，最后实现了大学周围所有的午餐店接纳霍华德的学生。这就是 1940 年代的保利。

在上霍华德大学之前，她在城里的亨特学院上学。她带着她的一个朋友，一位白人女性，一起去北卡罗来纳州探亲。她们越过了梅森－狄克逊线。保利被要求坐到车厢后面去，但她拒绝，结果导致其在 1940 年代被捕。早在我们听说罗莎·帕克斯之前，她写了一篇文章，对我和其他 1970 年代的女性产生了重大影响。它被称为"简·克劳——"

莫耶斯　　　简·克劳？

金斯伯格　　"——和法律"。是的，她在书中谈到了所有的障碍，阻碍女性实现其天赋和努力所能实现的目标的东西均为障碍。她终于——我记得她在耶鲁大学获得神学学位的一处住所已经被命名了——这座建筑物上有一位南方奴隶主的名字，而现在它以保利·默里的名字命名。她是一位走在时代前列的女性。

莫耶斯　　　远远领先于她的时代。所以米歇尔·亚历山大，如果您在这里，有下一本书了，《简·克劳》对吧？

167

金斯伯格	《简·克劳》的作者是罗莎琳·罗森伯格,这是……
莫耶斯	是的。
金斯伯格	这是保利的传记。
莫耶斯	我喜欢你对杰弗里·罗森说的话,他是你这本新书《金斯伯格访谈录》的合作者。让我们看看,书中包含了爱、法律和自由,等等。但你对他说,引用一下——这让我想起了那篇精练有力的散文,我想这一定是你在康奈尔大学写的。 "霍比罗比是一家以盈利为目的公司,它雇用了数百名不认同这些宗教信仰的妇女。因此,如果你要雇用员工,雇用多元化的劳动力,就不能把自己的信仰强加给为你工作的人。" "如果这是你想做的选择,想做生意,那么就必须遵守所有其他企业都遵守的规则,不能因为你的信仰而让为你工作的人处于不利地位,因为他们并不认同你的信仰。"但这一轮你输了,我们都输了。
金斯伯格	嗯哼。
莫耶斯	有人提醒我您在其他地方说过,法院必须小心谨慎以确保国会不会践踏人类最基本的价值观。但我想问您,谁来确保法院不践踏我们的基本价值观?
金斯伯格	那些有争议的来到法庭的人,那些代表当事人的律

师，那些对法庭将要审理案件的评论员。

莫耶斯　　这就是"我们人民"？

金斯伯格　　必须从"我们人民"开始。有一位伟大的法学家，尽管从未在最高法院任职，可我认为他是公认的美国有史以来最伟大的法学家之一，他就是勒恩德·汉德。他说："如果人们的心中丢失了自由，任何法院都无法恢复。"

因此，我们所看到的几乎每一次重大变革，都是由于人们大声疾呼："我们所拥有的是不对的，它需要改变。"同性恋权利运动是如何发生改变的？想想当人们出柜时说："这就是我，我为此感到自豪。"在那之后，变化很快。但当人们隐藏自己的身份时——

莫耶斯　　对。

金斯伯格　　——什么都没发生。

莫耶斯　　我记得在南方和其他地方有许多普通民众为民权运动献出了生命。幸运的是，民权运动所追求的与华盛顿、国会和白宫内政治建制的愿望一拍即合，而这些政治建制掌握了实现诉求的关键要素。

直到很久以后，同性恋权利运动才发生这种情况，但最终还是发生了。是人们推动了变革，"MeToo"

	运动也是如此，都是从那里开始。这需要坚实的道德力量、政治勇气和智慧的结合，也需要系统、法院和其他部门的协同合作，以缓解长期存在的——
金斯伯格	嗯，我认为是人民发起的。法院是一个被动的机构，不主动提议。法院不会说："今年我们准备处理这个或那个问题。"它接受的是外界的投诉。所以必须从人民开始，如果没人在乎，那就相安无事。
莫耶斯	我强烈建议你们都读一读大法官写的一篇开创性的文章，这篇文章收录在《用我自己的话说》一书中。
金斯伯格	是"我自己的"。
莫耶斯	《用我自己的话说》（*My Own Words*）是一本精彩的合集，与罗森的书不同，这本书汇集了她的意见、文章、演讲和讲座。您在书中提到了最高法院的宪法错误，我想你指的是，比如德雷德·斯科特和普莱西诉弗格森案。通过阅读我们可以清楚地看到，法院必须裁决的许多宪法问题都涉及有争议的公共政策选择。当多数人与您意见相左时，您是否认为自己受到了约束？
金斯伯格	这取决于案件的类型，我们审判的大多数案件都不是令人振奋地展示宪法多样性的案子，而是对法规的解释。比如说，作为《国内税收法》的一项条款，我认为纳税人本应胜诉，但法院判政府胜诉。

国会完全可以解决这个问题，国会知道法院的判决，它不会修改法律。那就这样吧。在这种情况下，我会说："我是站在另一方的，但这就是法院的裁决。如果国会想修改，那就由其来决定。"对于关键的宪法问题，我并不持同样的观点。当我认为多数派的观点错得离谱时，我仍会持不同意见。

莫耶斯　　这就是为什么您有时会在法官席上宣读反对意见，而不是先以书面形式发表？

金斯伯格　嗯，不是"而不是"，而是"也同时"。

莫耶斯　　"也同时"。

金斯伯格　通常是这样。但是当案件判决时，持多数意见的人会在法官席上宣读意见摘要。然后我们会注明："某某大法官与某某大法官持反对意见。"就这样每年有一两次，有时是四次，而有时没有。当我认为法院不仅错了而且错得离谱时，就会提醒大家注意我的反对意见。因此，我会在法官席上进行总结。我不会令人厌烦地读上 20 页，而是在 5 分钟内说完。例如，谢尔比县就是这样一个例子，霍比罗比是另一个类似的案例，莉莉·莱德——

莫耶斯　　莉莉·莱德贝特。
金斯伯格　莉莉·莱德贝特。

莫耶斯	莉莉·莱德贝特。莉莉·莱德贝特一案是我会提名奥斯卡戏剧奖的案件。
金斯伯格	没错。

莫耶斯	鲁斯·巴德·金斯伯格主演。
金斯伯格	抱歉,莉莉。

莫耶斯	会是经典——
金斯伯格	莉莉·莱德贝特。

莫耶斯	这是典型的金斯伯格,一个名叫莱蒂的职业女性。
金斯伯格	莉莉。

莫耶斯	莉莉·莱德贝特发现自己工作多年却没有得到和男性同等工作的报酬时,以拖欠工资为名起诉了固特异轮胎橡胶公司。如果我没记错的话,法院以 5∶4 裁定,无论工资的优劣如何,她过了太久才提出索赔。
金斯伯格	哎,法律规定你必须在歧视行为发生后 180 天内提出审诉。法院的观点是:"莉莉,你在 12 年后才来找我们?已经过时效了。"反对意见很简单,由于她的每一份薪水都存在薪酬差距,所以无所谓歧视存在还是不存在,它是持续性的。每次当她拿到薪水时,都可以有 180 天的时间允许其起诉。

这就是国会在《莉莉·莱德贝特公平薪酬法案》中通过的内容，即薪水规则。如果雇主一直存在歧视，而且歧视还在继续，那么她每次领到薪水，歧视就会重新开始。但我在反对意见中试图表达的是，莉莉所做的工作在此之前主要是由男性完成。

她不想成为麻烦制造者，不想惹是生非。雇主没有公布工资数据。但假设她早就提起了诉讼，辩方几乎肯定会说，这与莉莉是不是女性无关。她只是工作做得不如男性好，所以我们付给她更少的薪水。现在，过了十几年，公司一直给她很好的业绩评级。因此，现在的辩护说她的工作不如男性就不成立了，因为对她的评价一直比男性高。法院认为起诉得太晚这个理由站不住脚，所以有胜诉的机会。

国会以共和党和民主党的多数票通过了这项措施，这是一个简短快速的指令。这有点像是1970年代发生的事情的重演，当时法院裁定基于怀孕的歧视不是基于性别的歧视。

世界之所以被划分未孕人群和——原因就是我们大多数人，大多数男性和女性，也可以说所有的男人，即所有男人和大多数女人，都没有怀孕——但还有一些人，就是这些孕妇，不存在与其对应的男性。所以无论如何，这都不是性别歧视。因此，国会在1978年通过了《怀孕歧视法》。非常简单的宗旨：基于怀孕的歧视就是基于性别的歧视。

1970年代的吉尔伯特案以及多年后莉莉·莱德贝特案的判决都引起了公众的关注，因为"他们怎么能说基于怀孕的歧视不是歧视呢"。莉莉·莱德贝特案也是如此。

莫耶斯　我之所以提到莉莉案的戏剧性，是因为您在法官席上有力地宣读了您的异议。然后出于某种原因可能是现代技术或随风远扬，让巴拉克·奥巴马听到了。

金斯伯格　好吧，但我在反对意见中的最后一句标签栏里写道，现在应由国会来纠正我同事们所犯的错误。

莫耶斯　奥巴马入主白宫后签署的第一项法案就是莉莉·莱德贝特·佩特——

金斯伯格　《公平薪酬法案》。

莫耶斯　《公平薪酬法案》，这就是我所说的戏剧性。这与你在谢尔比县案中使用的"雨伞"的比喻不谋而合。我知道这一定是您在康奈尔大学时写下的，并在多年后想起它，还记得吗？

金斯伯格　是的。

莫耶斯　告诉我们。

金斯伯格　大意是说——

莫耶斯　　　扔掉——

金斯伯格　　——是说——

莫耶斯　　　——预先审理。

金斯伯格　　是的，效果很好，这就像在暴雨中，因为你还没淋湿而扔掉雨伞。

莫耶斯　　　有人撰文分析了您在康奈尔大学的经历——顺便说一句，这篇文章很棒。我想可能是我们的朋友杰弗里·图宾写的，文章内容是："在暴雨中撑伞的形象完美地描述了《投票权法案》是如何保护该国部分地区的公民，那里的歧视阻碍了不止一个少数群体参加投票，这个描述非常易于想象和大众记忆。"我想，《洛丽塔》的作者很可能会为这句话喝彩。

在您关于用司法语气表述的演讲中，我们和朱迪斯的好朋友，比尔·约瑟夫森，他就坐在前排，提醒了我这一点：您在文章中提到了法官和大法官之间礼貌和尊重的重要性。正如您所说，这是法院的标志之一，即合议制。

但我想知道，当您的保守派同僚以一种有损国家利益的方式制定规则时，比如，让女性倒退或由此导致打压投票，或者导致死刑犯被处决，您难道不会感到愤怒吗？您曾经表达过这种愤怒吗？

金斯伯格　　好吧，你引用了我的一些反对意见，但想用我的同事安东宁·斯卡利亚反复说过的一句话,那就是"忘记它"。我记得最清楚的是布什诉戈尔案,当时我们的分歧是5:4。

但这是一场马拉松。我们在星期六受理了此案,星期天提交案件辩论书,星期一进行口头辩论,星期二做出裁决。很明显,所有人都是夜以继日地工作。但对那投赞成票的四个人,我们很失望。

但很快就进入了1月的审讯,我们必须一起探讨。我们克服了困难,我派我的法律助理去了肯尼迪大法官的办公室。他站在另一方,并为布什写了主要意见书。我想让他们和肯尼迪大法官的助理们关注一下媒体是如何报道此事的。斯卡利亚大法官当晚9点左右打电话给我,说:"鲁斯,你还在法院做什么?你应该回家洗个热水澡。"

这是我工作过的最团结的地方。即使有一天我对某位同事感到失望透顶,但我知道第二天我们必须一如既往地投入工作。因此,如果我们不能保持与同僚合作,就无法像现在这样。

莫耶斯	安东宁,他真的让你恼火了吗?
金斯伯格	是的。

莫耶斯	我的意思是,你有没有试过限制他说的——
金斯伯格	是。

莫耶斯　　——一些话——试过？

金斯伯格　他帮助了我，因为斯卡利亚大法官是一位语法专家。我偶尔会犯语法错误，但他从来不会给我一个写着"你要改正"的纸条令我难堪。他要么来我办公室，要么给我打电话。

我曾多次说："这太尖锐了。如果你能柔和一点，会更有说服力。"但他从未采纳过我的建议。再举一个同僚合作的例子，在弗吉尼亚军事学院一案中，我们的意见分歧很大。

莫耶斯　　就在那时，您让女性进入了一个原本全是男性的——

金斯伯格　对。

莫耶斯　　——弗吉尼亚的学院。

金斯伯格　法庭只有 8 名成员参加，因为托马斯大法官的儿子在军事学院上学，因而他需要回避。斯卡利亚是唯一的反对者。他来到我的办公室，扔下一沓纸，说："鲁斯，我还没准备好向合议庭提交这份异议书。它还需要进一步润色。但我希望你能尽早拿到，这样就有更充分的时间来应答。"

于是我准备去参加一个司法会议，带着他的第二份异议稿在飞机上阅读了它，我的周末被毁了，但很高兴有额外的时间回复他，时间证明他错得有多离谱。弗吉尼亚军事学院一案取得了巨大的成功。这所学校几乎没受任何影响，反而各方面情况都变得更好了，他们也为自己的女学员而骄傲。

莫耶斯　　让我印象深刻的是，您不涉及抽象概念，但您知道这些判决对他们来说意味着不同的生活或不同的生活方式，不同的人生机会。无论是莎莉·里德，我想她是第一个出现在案件[1]中的人——

金斯伯格　哦，莎伦·弗朗蒂罗·科恩[2]，她今年夏天会和我一起去内布拉斯加州的奥马哈。这是第十九修正案颁布一百周年的纪念活动，该修正案赋予妇女投票权。莎伦的案子是我在法庭上辩论的第一个案件，她也会到场。这些年来我一直和她保持联系。

莫耶斯　　您还记得温伯格诉维森菲尔德案（Weinberger v. Wiesenfeld）当事人吗——

金斯伯格　是的。事实上，他的儿子要来看我——

莫耶斯　　维森菲尔德的儿子？

金斯伯格　是的，我不知道为什么他名字拼写是 WIESEN–feld，但发音是 WEESEN–feld。这个男人的妻子死于难产，他发誓他只做兼职工作以确保能有足够时间亲

1　指里德诉里德案（Reed v. Reed）。
2　弗朗蒂罗诉理查森案（Frontiero v. Richardson）当事人。

自照顾他的宝宝。工薪阶层的遗属可以享受社会保障福利。

社会保险和兼职收入合在一起,他差不多接近收入限额的工资能勉强养活自己和孩子。因此,斯蒂芬·维森菲尔德去社会保障局申请儿童保育福利。

他被告知:"非常抱歉。这些是母亲的福利,不是父亲的。"

因此,在这起案件中,法院的判决是一致的,但在理由上存在三种分歧。多数人认为:"很明显,歧视始于工薪阶层的女性。她和男性同样缴纳社会保险税,她所欠的税款没有折扣,但她的家庭却没有从社会保障体系中得到同样的保护。"

有些人,包括我现在的同事约翰·保罗·史蒂文斯,说:"这是对作为男性父母的歧视,因为他没有机会亲自抚养他的孩子。必须雇用人代替自己,这样才能挣到养家糊口所需的钱。"

还有一次,在1970年代的那次也是唯一一次,我后来的首席法官投票支持我所寻求的判决,那就是当时的大法官伦奎斯特,他说:"对年幼的孩子来说,这完全是武断的。为什么只有当父母一方是女性而不是男性时,孩子才有机会得到唯一幸存的父母的照顾?"

莫耶斯 好,我知道这将会引发强烈异议,但我还是把时间让给了塞伦和朱迪思。现在我的采访才进行了一半，但收到了导演发来的结束通知。我原本想接着谈谈第十九修正案和我们的现状，女性获得投票权100年后仍然没有与男性享有同等的政治地位，女性在国会中的比例不到25%。

金斯伯格 但是，也有时候完全没有女性，当她们——

莫耶斯 嗯，的确如此。我正打算把它列出来——性骚扰、同工同酬，所有这些。但是我们没有时间。会有机会再来讨论的。这期本想谈谈了不起的《代达罗斯》期刊，由美国艺术与科学院出版，它向我们介绍了当今女性的最新状况。我想，您和在座的各位都会想读一读。

我将以一个问题作为结束，如果您愿意的话，请给我一个简短的回答。这是因为今晚在座的各位，这么多的学生都非常认真地对待他们对道德信仰的承诺，就像您对法律的承诺一样。1960年代，有句话在华盛顿广为流传："当不公正成为法律，反抗就成为责任。"

协和神学院的学生、教职员工也经常直面不公。他们去了弗格森[1]，去了立石[2]、在国会大厦游行、和比

---

[1] 2014年至2015年于美国密苏里州弗格森发生反种族歧视的抗议活动。
[2] 2016年至2017年于立石印第安保留地（Standing Rock）发生抗议活动。

|||尔·麦吉本以及 350 环保组织一起坐在街头。就像这些学生所做的那样，公民看到不公正的行为应该怎么做？

金斯伯格 我对今天的年轻人充满信心，从我孙女和她所做的事情中看到了这一点。在我以前的法律事务所，我的法律助理致力于让每个年满 18 岁的孩子都能登记投票，有组织会带他们去投票。

我的孙女参加了一个名为"紫色运动"的活动，该运动关注工作场所的性骚扰问题。我认为，今天的年轻人有一种想要与不公正作斗争的精神。这正是我所相信的，我会尽我所能去鼓励这种精神。

莫耶斯 您已经尽了自己的一份力量。金斯伯格大法官，非常感谢！

鲁斯·巴德·金斯伯格 RUTH BADER GINSBERG

自 1993 年起担任美国最高法院大法官,直到 2020 年去世。在此之前,她于 1980 年被吉米·卡特总统任命为美国哥伦比亚特区联邦巡回上诉法院法官,直到被比尔·克林顿总统任命为最高法院法官。1959 年,她以全班并列第一的成绩毕业于哥伦比亚大学法学院。她同时登上了《哥伦比亚法学评论》和《哈佛法学评论》,成为首位在两大法学评论发表文章的女性。1963 年,成为罗格斯大学法学院教授,随后于 1972 年至 1980 年在哥伦比亚大学法学院任教。1972 年,她还与人共同创立了美国公民自由联盟(ACLU)的妇女权利项目。通过与美国公民自由联盟的合作,她在 1973 年至 1976 年期间在最高法院为六起性别歧视案件进行了辩护,赢得了其中的五起。

莱斯利·奥尔斯纳 LESLEY OELSNER

是《纽约时报》的记者和驻华盛顿通讯员,1972 年,她因发表有关法院量刑差异的文章而获得乔治·波尔克奖。1970 年代中期,于华盛顿为《纽约时报》报道关于法律和最高法院的事务,之后于曼哈顿担任兰登书屋副总裁兼法律顾问,直到 2000 年 9 月。

康妮·多贝勒 CONNIE DOEBELE

是普渡大学布莱恩·兰姆传播学院 C-SPAN 奖学金和社会参与中心的常务董事。她在美国公共事务卫星有线电视网(C-SPAN)拥有超过 25 年的工作经验,作为高级执行制片人,参与了公共事务电视节目的策划、实施和管理。

马文·卡尔布 MARVIN KALB

是哈佛大学默罗荣誉退休教授,在国家新闻俱乐部主持"卡尔布报告"。

他曾担任哥伦比亚广播公司（CBS）和美国全国广播公司新闻机构（NBC News）的首席外交记者，以及美国全国广播公司"会见新闻界"节目的主播和驻莫斯科办公室负责人。卡尔布后来成为哈佛大学琼·肖伦斯坦新闻、政治和公共政策中心的创始负责人。

妮娜·托滕贝格 NINA TOTENBERG

是美国国家公共广播电台（NPR）的法律事务记者。她的报道定期在美国国家公共广播电台的"万事通""晨间版"和"周末版"（"All Things Considered"，"Morning Edition"，"Weekend Edition"）节目中播出。

简·艾斯纳 JANE EISNER

是《前进报》（*The Foward*）的特约撰稿人。十多年来，她一直担任《前进报》的主编，是担任该职位的第一位女性。

比尔·莫耶斯 BILL BOYERS

从事广播记者工作四十多年。1965年至1967年，他担任林登·约翰逊政府第九任白宫新闻秘书。他曾是《新闻日报》（*Newsday*）的出版人、哥伦比亚广播公司报道栏目（CBS Reports）的高级记者，后来又担任哥伦比亚广播公司晚间新闻（CBS Evening News）的高级新闻分析师。他还制作了自己的媒体节目："现在与比尔·莫耶斯一起"（Now with Bill Moyers）、"比尔·莫耶斯日报"（Bill Moyers Journal）以及"莫耶斯与陪伴"（Moyers & Company）。